JN075316

本当にスコアが上がる
厳選問題165問

TOEIC® L&R TEST
英文法

TARGET 730

730

成重 寿
Narishige Hisashi

Jリサーチ出版

はじめに

▶ Part 5 を制すれば、730点が見えてくる！

Part 5は TOEIC のリーディングセクションの最初のパートで、30問で構成されています。スコア730点を獲得するには、リスニング390点、リーディング340点が目安になり、リーディングでの正答数は70問くらいが求められます。

Part 7で解き残しがある程度発生することも考えれば、Part 5では8割くらいの正答を確保しなければならないことになります。

本書は Part 5を正確に速く解くことが必須の730点目標の方を対象に作成された問題集です。問題は TOEIC のスタンダードなレベルで、頻出タイプの問題を網羅した上で、最新の傾向も反映した内容になっています。

▶ 8日間で Part 5 を効率的にマスター

本書は8日で完成できるスケジュールで構成されています。最初の5日は問題の種別に整理されていて、それぞれのタイプの問題をどのように攻略するかを詳しく解説しています。DAY 1～ DAY 5は代表的な問題を15問ずつ練習します。また、QUICK CHECK というミニコラムで、文法や語法、単語の急所を紹介しています。

DAY 6～ DAY 8は実戦練習の3日間で、本番と同じようにランダムに並べた30問を解答する練習をします。時間も意識しなが

ら、TOEIC 本番に臨むつもりで練習してみましょう。

▶ 3ステップの解説でしっかり理解できる

　問題の解説では、実際の問題を前にしてどう対処するかという
「考えるプロセス」を重視して、正解を導く過程を3つのステップ
でわかりやすく紹介します。また、誤答選択肢についても「なぜ
ダメなのか」という点を示しています。

　ステップ❶ 選択肢の並びと空所の位置を見て、出題の意図を知る
　　　▽
　ステップ❷ 空所の役割をつかむ、文意をつかむ
　　　▽
　ステップ❸ 適切な選択肢を決める

　本書は一度だけ解いて終わりにするのではなく、解説をよく読
んで、二度、三度とトライしてみてください。直前対策に利用す
る方は8日間のスケジュールで、時間に余裕のある方は他の学習
と並行してご自分のスケジュールで進めていただければと思いま
す。

　本書が読者のみなさんの目標スコア獲得に少しでも貢献でき
ることを願っています。

著者

TOEIC® L&R TEST 英文法 TARGET 730

CONTENTS

はじめに……………………………………………………………… 2

730点を獲得するための Part 5 攻略法……………………………… 6

本書の利用法………………………………………………………… 8

本書で使われる文法用語・略号…………………………………… 10

さまざまな問題パターンを経験しよう！

DAY 1 文法問題
品詞の識別 （15問）………………… 11

[問題形式] 同じ語幹の「動詞（変化形）」「形容詞」「副詞」「名詞」
が選択肢に並ぶ

DAY 2 文法問題
動詞の形 （15問）……………………………… 43

[問題形式] 同じ動詞のさまざまな変化形が選択肢に並ぶ

DAY 3 単語問題
動詞・形容詞・名詞 （15問）………………… 75

[問題形式] 同じ品詞のさまざまな単語が選択肢に並ぶ

DAY 4 単語問題
接続詞・前置詞・副詞 （15問）………… 107
[問題形式] 同じ品詞のさまざまな単語が選択肢に並ぶ／
接続詞・前置詞・副詞が混在する

DAY 5 文法・単語問題
代名詞・関係詞・
比較・イディオム （15問）………………139
[問題形式] 基本的な文法知識が問われる／
さまざまなイディオムが選択肢に並ぶ

本番と同じようにトライしよう！

DAY 6 **実戦練習 No.1** （30問）……………………… 171

DAY 7 **実戦練習 No.2** （30問）……………………… 203

DAY 8 **実戦練習 No.3** （30問）……………………… 235

覚えておきたい Part 5 の必須単語100…………………… 267

730点を獲得するためのPart 5攻略法

Part 5 は合計30問の短文空所補充形式のパートです。730点をめざす場合はこのパートで8割程度を正解することが目標となります。

1 文法問題と単語問題

Part 5 の問題は、「文法問題」と「単語問題」に大きく分けることができます。

文法問題というのは、「品詞の識別」「動詞の形」「代名詞」「比較」などの問題です。これらの問題は空所がどんな役割をするかを見極めることがポイントになります。**文の構造を理解する力と文法の基礎知識があれば解ける問題がほとんどなので、730点をめざすには文法問題を落とさないことが重要です。**

単語問題は文意をつかんで空所に適切な単語を選ぶ問題です。選択肢に難しい単語が混じっていたり、知っている単語でも意外な用法が正解であったりするので、文法問題より難度が高いと言えます。**単語問題を数問落とすのは許容範囲です。**

正答率8割 (24問) をクリアすべき目標としましょう。

2 時間配分

時間配分はリーディングセクション全体で考える必要があります。

理想的な時間配分は、Part 5 =1問20秒で、Part 5 を10分で終えることです。そうすれば、Part 6 と 7 に65分を残せて、全問完答ペースで進められます。

730点目標の場合には Part 5 =1問25秒はクリアしたいところです。その場合には Part 5 全体で12分30秒ということになります。

TOEIC は幅広い受験者の英語力を得点化することを目的としているので、設問には難易度のばらつきがあります。Part 5 も同様で、例えば人称代名詞については難しい問題は出ません (というか、作りようがありません)。**こうした簡単な問題は5〜10秒くらいの短い時間で解答し、文意をつかむ必要が**

ある問題には時間をかけるという臨機応変さが求められます。

　時間を短縮するには、解けそうにない問題をいさぎよくあきらめることも大切です。単語問題は知っているかどうかで成否が決まるので、わからなければ適当にマークして次に進みましょう

問題パターンに慣れておく

　Part 5 の文法問題のパターンは定型的なものが多いので、そのパターンに慣れておくようにしましょう。また、代名詞・関係詞・仮定法・時制・態など狙われやすい文法事項はしっかり頭に入れておくことも必要です。730点目標でも基本が肝心です。

　単語問題には定型的なパターンというものはありませんが、よく出る単語というものは存在します。それはビジネスシーンでよく使う単語や、日常的に常用する基本語です。どのレベルの単語が出るかは実際の問題に当たりながら経験を積んでいきましょう。また、「他の単語との相性」「定型表現」などに着目すれば、全体を読まずに解けることもあり、こうしたテクニックも駆使できるようにしましょう。

単語力をつけておく

　Part 5 を正確にすばやく解いていくには単語力は欠かせない要素です。単語系の問題はもちろんそうですが、知らない単語があっても対応できる文法系の問題でも、やはり知らない単語がないほうが正確さやスピードは上がります。

　730点目標であれば、知らない単語はいくつも出てくると思いますが、復習する段階で、そうした未知語を覚えておくことが大切です。**Part 5 によく出る単語は TOEIC の他のパートにも出てきますから、Part 5 の単語の復習がそのまま全体の単語力アップにつながります。**

本書の利用法

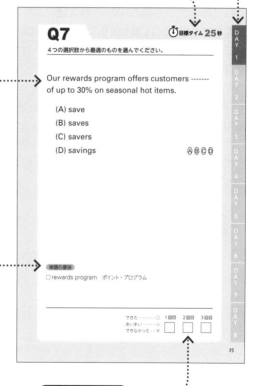

❶ スケジュール

DAY 1 ～ DAY 8を表示します。「8日間完成」は最短のスケジュールです。時間のある方は、ご自分のスケジュールで進めてください。

❷ 目標タイム

730点をめざす人はまず1問=25秒を目標としましょう。

❸ 問題

TOEICの Part 5 の問題を出題します。文法問題と単語問題で構成されています。

❹ 単語の意味

問題文中で難しいと思われる単語の意味を紹介しています。問題文を読んでわからない場合に参照してください。

❺ チェック欄

できたかどうかをチェックしておきましょう。3回チェックできます。

Q7　　　⏱目標タイム 25秒

4つの選択肢から最適のものを選んでください。

Our rewards program offers customers -------
of up to 30% on seasonal hot items.

(A) save
(B) saves
(C) savers
(D) savings

Ⓐ Ⓑ Ⓒ Ⓓ

単語の意味
□ rewards program　ポイント・プログラム

		1回目	2回目	3回目
できた………○				
あいまい……△				
できなかった…×				

25

この本は、8日間で Part 5 を攻略することを目的に作成されたものです。
DAY 1 ～ 5 は問題の種類別にしっかり学習、DAY 6 ～ 8 はランダムな出題で実戦練習をします。

❻ 正解・難易度・問題パターン

難易度は★～★★★の3段階です。「問題パターン」でポイントがひと目でわかります。

Q7 正解 ■ ——————————— 難易度 ★☆☆

問題パターン 目的語→名詞

ステップ1
空所の位置は Our rewards program offers customers —— of up to 30% です。

ステップ2
動詞の offer は〈offer O₁ O₂〉と目的語を2つとれるので、空所は O₂ に当たる名詞が入ると考えられます。(A) save と (B) saves は「貯める；救う」という動詞と考えると不可で、「救援」という名詞もありますが、これは文脈に当てはまりません。

ステップ3
残った名詞は2つですが、(C) savers は「貯蓄する人；節約するもの」、(D) savings は「ディスカウント」の意味で、(D) が文意に合うので、こちらが正解です。

問題・選択肢
私たちのポイント・プログラムはお客様に、季節の人気商品について30%までのディスカウントを提供する。

(A) save …… 動詞原形（貯める；救う）・名詞（救援）
(B) saves …… 動詞三単現（貯める；救う）・名詞（救援）
(C) savers …… 名詞（貯蓄する人；節約するもの）
(D) savings …… 名詞（ディスカウント）

❼ 解答プロセス

解答プロセスは3つのステップで示しています。誤答選択肢が「なぜダメか」も紹介します。
※選択肢の並びは必要なもののみ指摘しています。

❽ 問題・選択肢

問題文の訳と選択肢の情報（文法上の役割・訳語など）を示します。
※選択肢の情報は解答する上で必要なものを示しています。

QUICK CHECK savings

　名詞の **savings** はお店が提供する「割引；ディスカウント」の意味で TOEIC によく出ます。他にも、**discounts**, **deals**, **offerings** などが同様の意味で使われます。make savings なら「節約する」の意味です。
　「貯蓄」の意味もあり、a savings account で「普通預金口座」です。

26

❾ QUICK CHECK

DAY 1 ～ 5 では、注意したい文法事項・語法の知識・よく出る表現などをコラムで紹介しています。

本書で使われる文法用語・略号

本書の解説でよく使う文法用語・略号を紹介します。

述語動詞： 文の根幹を担う動詞です。「だれが何をどうする」の「どうする」に当たる動詞です。

主節： 2文で構成される文で、主になる方の文です。

従節（従属節）： 2文で構成される文で、従になる方の文です。

等位接続詞： 2つの文や語句を等しく結びつける接続詞です。and、or、but など。

従位接続詞： 2つの文を主従の関係で結びつける接続です。when、though、because など。

文の要素： 「主語 S」「述語動詞（動詞）V」「目的語 O」「補語 C」が基本の要素で、それ以外は「付属の要素（部分）」「修飾語」としています。

5つの文型： 第1文型〈S V〉　第2文型〈S V C〉
第3文型〈S V O〉　第4文型〈S V O O〉
第5文型〈S V O C〉

代名詞： 人称代名詞（we、her など）、指示代名詞（this、those など）、関係代名詞（which、that など）などがあります。

不定代名詞： 不特定の人やモノを指すのに使う代名詞のことです。one、some、any、each など。

関係詞： 関係代名詞と関係副詞を含んだ総称です。

複合関係詞： 〈関係詞 ever〉の形のものです。
例えば、whatever。

● 「単語の意味」の略号

他 他動詞　　自 自動詞　　形 形容詞　　副 副詞
名 名詞　　接 接続詞　　前 前置詞

DAY 1

文法問題

品詞の識別

15問

‥‥‥ 「品詞の識別」問題の攻略法 ‥‥‥

問題形式

　品詞の識別問題は同じ語幹の「動詞」「形容詞」「副詞」「名詞」が選択肢に並ぶ問題です。主に派生語から構成され、動詞は変化形も含まれます。

解き方

　この問題を解くには、空所が文の中でどんな役割をもっているかを考えるのが基本です。例えば、空所が述語動詞であれば動詞を選びます。主語や目的語、前置詞に続く要素なら名詞です。補語になっているなら名詞か形容詞です。こんなふうに、空所の役割を考えて、正解を絞っていきます。

DAY 1
DAY 2
DAY 3
DAY 4
DAY 5
DAY 6
DAY 7
DAY 8

Q1

4つの選択肢から最適のものを選んでください。

Meridian Honors members who book direct ------- free high-speed Wi-Fi at any hotels around the world.

(A) enjoy

(B) enjoyable

(C) enjoyment

(D) to enjoy

Ⓐ Ⓑ Ⓒ Ⓓ

単語の意味

□ honor　名 名誉；特権

□ book　動 予約する

できた …………○
あいまい ………△
できなかった …✕

1回目 □　2回目 □　3回目 □

Q1 正解 (A) ——————————— 難易度 ★☆☆

ステップ1

この文の主語は Meridian Honors members で、who book direct は「直接予約する」の意味で、主語にかかる要素です。

ステップ2

文全体としては、**Meridian Honors members who book direct** が主語、**free high-speed Wi-Fi** が目的語なので、述語動詞がありません。

ステップ3

したがって、動詞の **(A) enjoy** が正解になります。

問題・選択肢

直接予約をするメリディアンの名誉会員は、世界中のどのホテルでも無料の高速 Wi-Fi を<u>利用</u>できる。

(A) enjoy　……動詞原形（楽しむ）
(B) enjoyable　……形容詞（楽しい）
(C) enjoyment　……名詞（楽しみ）
(D) to enjoy　……不定詞（楽しむために）

文の要素と品詞

　品詞の識別問題を解く基本は、5文型を念頭に、問題文を文の要素（SVOC）に分解することです。文の要素によって、使える品詞は決まります。SVOC以外は修飾語と考えましょう。動詞の変化形については、「動名詞＝名詞」「分詞＝形容詞」です。

・**主語S**　→　名詞
・**述語動詞V**　→　動詞
・**目的語O**　→　名詞
・**補語C**　→　名詞・形容詞
・**修飾語（名詞を修飾）**　→　形容詞・名詞
・**修飾語（動詞・形容詞・副詞・文全体を修飾）**　→　副詞

Q2

⏱ 目標タイム **25** 秒

4つの選択肢から最適のものを選んでください。

Staff in advertisement are recommended to take the ------- course on Web designing.

(A) introduce

(B) introducing

(C) introductory

(D) introduction

Ⓐ Ⓑ Ⓒ Ⓓ

単語の意味

□ recommend 他 推奨する

	できた …………○	1回目	2回目	3回目
	あいまい ………△			
	できなかった …×			

Q2 正解 (C) ——————————— 難易度 ★☆☆

問題パターン 冠詞と名詞の間→形容詞

ステップ1

空所の位置は to take the ------ course on Web designing で、定冠詞の the と名詞の course に挟まれています。

ステップ2

この位置に入るのは形容詞（分詞を含む）か名詞なので、まず動詞原形である (A) introduce を外せます。

ステップ3

動詞 introduce は「導入する」の意味で、現在分詞の (B) introducing では「導入するコース」となり、意味をなしません。名詞の (D) introduction では「導入コース」と適切な連語をつくれません。これらも不可。

形容詞の (C) introductory には「導入の→入門の」の意味があり、「入門コース」となって文意が通ります。

問題・選択肢

広告部のスタッフはウェブデザインの入門コースを受講することが推奨されている。

(A) introduce ……動詞原形（導入する）
(B) introducing ……現在分詞（導入する）
(C) introductory ……形容詞（入門の）
(D) introduction ……名詞（導入）

 形容詞の選択

　形容詞を選択する場合に迷うのが、本来の形容詞か、現在分詞か、過去分詞かです。迷ったら、修飾する名詞と組み合わせてみることです。組み合わせてみて、意味が通るならそれが正解です。この問題なら、現在分詞のintroducing を course と組み合わせても意味が通らないので、本来の形容詞の introductory を選ぶことになります。

4つの選択肢から最適のものを選んでください。

The city's airport has won 'the Best Airport of the Year' for three years in -------.

(A) success

(B) successfully

(C) succession

(D) successor

Ⓐ Ⓑ Ⓒ Ⓓ

できた …………○　1回目　2回目　3回目
あいまい ………△
できなかった …×

DAY 1
DAY 2
DAY 3
DAY 4
DAY 5
DAY 6
DAY 7
DAY 8

Q3 正解 (C) ——————————————— 難易度 ★★☆

問題パターン 前置詞の後→名詞

ステップ1
空所の位置は for three years in ------ で、前置詞 in に続く要素です。

ステップ2
前置詞に続く要素は名詞だけなので、まず副詞の (B) successfully を外せます。名詞は3つあり、意味を考えると、(A) success（成功）、(C) succession（連続）、(D) successor（後任者）です。

ステップ3
この文は「その市の空港は、3年〜で「年間最高空港」賞を獲得した」の意味です。**(C) succession を選んで、in succession（連続して）の表現をつくると、文意が通ります。**

問題・選択肢
その市の空港は、3年連続で「年間ベスト空港」賞を獲得した。

(A) success ……名詞（成功）
(B) successfully ……副詞（成功して）
(C) succession ……名詞（連続）
(D) successor ……名詞（後任者）

success と succession

　動詞の succeed には「成功する」「後を継ぐ」という2つの意味があり、それぞれ〈succeed in 〜〉（〜に成功する）、〈succeed to 〜〉（〜を継承する）の形で使います。名詞・形容詞・副詞も2つの系列に分かれます。
・success（成功）　successful（成功して）　successfully（うまく）
・succession（連続）　successive（連続する）　successively（連続して）

Q4

4つの選択肢から最適のものを選んでください。

Trainees at Zanahoria Corporation receive thorough ------- in every area of their jobs.

(A) instructs

(B) instructive

(C) instructor

(D) instruction

Ⓐ Ⓑ Ⓒ Ⓓ

単語の意味

□ thorough　形完全な；徹底した

Q4 正解 (D) ──────────── 難易度 ★☆☆

問題パターン 動詞の目的語→名詞

ステップ1

この文の構造を見ると、Trainees at Zanahoria Corporation が主語、receive が述語動詞、thorough ------ が目的語と考えられます。in 以下は付属の要素です。

ステップ2

thorough は形容詞なので、thorough ------ を目的語にするには空所に名詞が必要です。ここから動詞の (A) と形容詞の (B) を外せます。

ステップ3

名詞は2つあり、(C) instructor は「指導者」、(D) instruction は「指導」です。動詞が receive（受ける）であることを考えて、thorough instruction にすると「徹底した指導を受ける」と意味が通るので、(D) が正解です。

問題・選択肢

ザナホリア社の研修者はすべての業務分野で徹底した指導を受ける。

(A) instructs ……動詞三単現（指導する）
(B) instructive ……形容詞（役に立つ）
(C) instructor ……名詞（講師）
(D) instruction ……名詞（指導）

 邪魔者に注意

　この問題では、receive ------ の形だと、すぐに〈動詞＋目的語（名詞）〉とわかりますが、形容詞が間に入って少しわかりにくくなっています。この問題の形容詞 thorough はいわば「邪魔者」です。Part 5 の問題の典型で、問題を解く際には、こうした邪魔者を意識すれば正解にたどり着きやすくなります。

4つの選択肢から最適のものを選んでください。

The ------- construction site is closed to the public because the preliminary research is already under way.

(A) plan

(B) planning

(C) planned

(D) planner

Ⓐ Ⓑ Ⓒ Ⓓ

DAY
2

DAY
3

DAY
4

DAY
5

DAY
6

DAY
7

DAY
8

単語の意味

□ the public　一般市民

□ preliminary　形事前の；準備の

□ under way　進行中で

	できた………○	1回目	2回目	3回目
	あいまい………△			
	できなかった…×			

Q5 正解 (C) ——————————————————— 難易度 ★☆☆

問題パターン 名詞を修飾→過去分詞

ステップ1

空所は The ------ construction site と主語の中にあり、定冠詞と名詞に挟まれています。入る可能性があるのは形容詞（分詞）と名詞ですが、これだけでは外せる選択肢はありません。

ステップ2

意味を考えると、construction site（建設地）を修飾するので、(A) plan（計画）や (D) planner（計画立案者）ではうまくつながらないことがわかります。

ステップ3

過去分詞の (C) planned を入れると「計画されている建設地」となり、適切な表現になります。

現在分詞の (B) planning では「計画している建設地」と、建設地がみずから計画しているようなおかしな表現になり、不可です。

問題・選択肢

計画されている建設地は、事前調査がすでに始まっているので、一般市民には閉鎖されている。

(A) plan ……名詞（計画）・動詞原形（計画する）
(B) planning ……現在分詞（計画する）・動名詞（計画すること）
(C) planned ……過去分詞（計画された）
(D) planner ……名詞（計画立案者）

 名詞を修飾する要素

名詞を修飾するのは形容詞、現在分詞、過去分詞が基本ですが、名詞が名詞を修飾する連語があることを常に頭に入れておきましょう。Part 5 では〈名詞＋名詞〉が正解になることがしばしばあります。以下は〈名詞＋名詞〉の例です。

action plan（行動計画）　customer demand（顧客の要求）
light fixture（照明器具）　employee evaluation（社員の評価）
factory tour（工場見学）　admission requirements（入場の要件）

Q6

4つの選択肢から最適のものを選んでください。

------- located near Berwick International Airport, the Liston Hotel offers ideal accommodation for business travelers.

(A) Conveniently

(B) Convenient

(C) Convenience

(D) Convening

Ⓐ Ⓑ Ⓒ Ⓓ

単語の意味

□ accommodation **名**宿泊施設

	できた ……… ○	1回目	2回目	3回目
	あいまい ……… △			
	できなかった … ×			

Q6　正解 (A) ──────────────────── 難易度 ★★☆

問題パターン 過去分詞を修飾→副詞

ステップ1

空所の位置は ------ located near Berwick International Airport, にあり、その後に〈S V O〉のある文が続いています。

ステップ2

カンマまでは主文にかかる分詞構文の要素で、located は過去分詞だと考えられます。

ステップ3

過去分詞は形容詞と同様に、これを修飾できるのは副詞です。よって (A) Conveniently が正解になります。

なお、(D) の convening は動詞 convene（開催する）の現在分詞・動名詞です。convene と convenient は語源は同じですが、意味的なつながりはありません。

問題・選択肢

バーウィック国際空港の近くの便利な立地にあり、リストン・ホテルはビジネス旅行客に理想的な宿泊施設を提供する。

(A) Conveniently ……副詞（便利に）
(B) Convenient ……形容詞（便利な）
(C) Convenience ……名詞（便利）
(D) Convening ……現在分詞（開催する）・動名詞（開催すること）

 located

located は動詞 locate（位置づける）の過去分詞で、会社や建物の立地場所を示すのによく使います。Our head office is <u>located</u> in Paris.（当社の本社はパリにあります）

また、特定の副詞とよく結びついて用いられます。

be **conveniently** <u>located</u>（便利な立地である）
be **strategically** <u>located</u>（戦略的な立地である）
be **ideally** <u>located</u>（理想的な立地である）

DAY 1
DAY 2
DAY 3
DAY 4
DAY 5
DAY 6
DAY 7
DAY 8

Q7

⏱ 目標タイム **25** 秒

4つの選択肢から最適のものを選んでください。

Our rewards program offers customers -------
of up to 30% on seasonal hot items.

(A) save

(B) saves

(C) savers

(D) savings

Ⓐ Ⓑ Ⓒ Ⓓ

単語の意味

□ rewards program　ポイント・プログラム

できた …………○　1回目　2回目　3回目
あいまい ………△　□　□　□
できなかった …✕

Q7 正解 (D) ──────────────── 難易度 ★☆☆

問題パターン 目的語→名詞

ステップ1

空所の位置は Our rewards program offers customers ------ of up to 30% です。

ステップ2

動詞の offer は 〈offer O₁ O₂〉と目的語を2つとれるので、空所は O₂ に当たる名詞が入ると考えられます。(A) save と (B) saves は「貯める；救う」という動詞と考えると不可で、「救援」という名詞もありますが、これは文脈に当てはまりません。

ステップ3

残った名詞は2つですが、(C) savers は「貯蓄する人；節約するもの」、(D) savings は「ディスカウント」の意味で、(D) が文意に合うので、こちらが正解です。

問題・選択肢

私たちのポイント・プラグラムはお客様に、季節の人気商品について30%までのディスカウントを提供します。

(A) save ……動詞原形（貯める；救う）・名詞（救援）
(B) saves ……動詞三単現（貯める；救う）・名詞（救援）
(C) savers ……名詞（貯蓄する人；節約するもの）
(D) savings ……名詞（ディスカウント）

 savings

名詞の **savings** はお店が提供する「割引；ディスカウント」の意味で TOEIC によく出ます。他にも、**discounts**、**deals**、**offerings** などが同様の意味で使われます。make savings なら「節約する」の意味です。

「貯蓄」の意味もあり、a savings account で「普通預金口座」です。

Q8

AK Chemical Inc. is well-known as an innovative material provider as it has been ------- in biodegradable plastics.

□ innovative 形 革新的な
□ biodegradable 形 生分解性の

できた‥‥‥‥○ 1回目 2回目 3回目
あいまい‥‥‥△
できなかった‥×

DAY 1 DAY 2 DAY 3 DAY 4 DAY 5 DAY 6 DAY 7 DAY 8

Q8 正解 (C) ───────────────── 難易度 ★★☆

問題パターン 現在完了進行形

ステップ1

空所は従属節にあり、as it has been ------ in biodegradable plastics となっています。

ステップ2

形容詞の (A) special は「特別な」の意味で、in 以下にうまくつながりません。名詞の (B) specialty（専門）だと、it（AKケミカル社）＝「専門」となり、文意がおかしくなります。副詞の (D) specially（特別に）を入れるには、it has been in biodegradable plastics で文が成立する必要がありますが、このままでは不完全な文です。よって specially も不可です。

ステップ3

前置詞の in に着目すると、specialize in で「〜に特化する」の意味になるので、現在分詞の (C) specializing を入れて、現在完了進行形にすると文が成立します。

問題・選択肢

AKケミカル社は、生分解性プラスチックに<u>特化してきた</u>ので、革新的な素材供給業者としてよく知られている。

(A) special ……形容詞（特別な）
(B) specialty ……名詞（専門）
(C) specializing ……現在分詞（専門とする）
(D) specially ……副詞（特別に）

 specialize

....

　動詞の specialize は自動詞で、前置詞 in を伴って目的語を導きます。<u>specialize in</u> French cuisine（フランス料理を専門にする）。過去分詞の specialized は形容詞化していて「専門の」の意味で使います。<u>specialized</u> knowledge（専門知識）。名詞の specialty は「専門分野」のほか、店の「特別料理；自慢料理」の意味でよく使います。

　Our <u>specialty</u> is truffle pasta.（当店の自慢料理はトリュフパスタです）

4つの選択肢から最適のものを選んでください。

The salary for the human resources manager position is ------- and will be primarily based on the candidate's experience and qualifications.

(A) negotiating

(B) negotiator

(C) negotiation

(D) negotiable Ⓐ Ⓑ Ⓒ Ⓓ

DAY 2

DAY 3

DAY 4

DAY 5

DAY 6

DAY 7

DAY 8

単語の意味

□ primarily 副主に
□ qualification 名能力；資格

	1回目	2回目	3回目
できた …………○			
あいまい ………△			
できなかった …×			

Q9 正解 (D) ———————————— 難易度 ★★☆

問題パターン be 動詞の後→形容詞

ステップ1

空所は be 動詞 is の後ろにあり、次は接続詞の and が続いています。空所には補語が入りますが、選択肢の ing 形、名詞、形容詞はいずれも補語になれるので、意味を確認します。

ステップ2

空所のある文の主語は The salary（給与）で、(A) negotiating だと、現在分詞では「給与が交渉する」、動名詞では「給与が交渉すること」となり、いずれも意味をなしません。名詞の (B) negotiator では「給与が交渉者だ」、同じく名詞の (C) negotiation でも「給与が交渉だ」となり、どちらも不適です。

ステップ3

形容詞の (D) negotiable を選ぶと「給与は交渉可能だ」となり、文意が通り、and 以下ともうまくつながります。

問題・選択肢

人事部長職の給与は交渉可能で、主に候補者の経験や能力に基づく。

(A) negotiating ……現在分詞（交渉する）・動名詞（交渉すること）
(B) negotiator ……名詞（交渉者）
(C) negotiation ……名詞（交渉）
(D) negotiable ……形容詞（交渉可能な）

 negotiable
....

negotiable は「交渉できる」の意味で、Part 5 の要注意単語の1つです。negotiate（交渉する）+ able（できる）= negotiable（交渉できる）です。
The salary is negotiable.（給与は応相談）
他に「（道路などが）通行可能な」の意味もあります。
The pathway is negotiable.（この通路は通行可能です）

DAY
1
DAY
2
DAY
3
DAY
4
DAY
5
DAY
6
DAY
7
DAY
8

Q10

⏱️ 目標タイム **25** 秒

4つの選択肢から最適のものを選んでください。

The hilltop ------- has a 360-degree panoramic view over the city and the Himalayan mountains.

(A) observe

(B) observatory

(C) observantly

(D) observance　　　　　　　　Ⓐ Ⓑ Ⓒ Ⓓ

単語の意味

□ panoramic　形 全景の

できた …………○　1回目　2回目　3回目
あいまい ………△
できなかった …×

Q10 正解 (B) ──────────── 難易度 ★★☆

問題パターン 主語→名詞

ステップ1

空所の位置は The hilltop ------ has a 360-degree panoramic view です。すでに has という述語動詞があるので、動詞が入る余地はなく、まず (A) observe を外せます。

ステップ2

副詞の (C) observantly（観察鋭く）については、hilltop を主語と考えた場合に動詞の前に入る可能性がありますが、「丘の上は観察鋭く360度の全景をもつ」と意味がおかしくなり、不可です。

ステップ3

The hilltop ------ を主語とする場合に、残りの名詞2つを検討すると、(B) observatory は「展望台」、(D) observance は「展望」なので、(B) が文意に合います。 observatory はぱっと見では形容詞のようですが、実際は名詞です。見かけに惑わされないことが大切です。

問題・選択肢

丘の上の展望台は、街とヒマラヤ山脈の360度の全景を見ることができる。

(A) observe ……動詞原形（観測する）
(B) observatory ……名詞（展望台）
(C) observantly ……副詞（観察鋭く）
(D) observance ……名詞（展望）

observe

動詞の observe は多義語なので注意しましょう。「観測する；監視する（watch carefully）」のほか、「気づく（notice）」「（規則などを）守る（comply with）」「（式典などを）挙行する（perform）」「（記念日などを）祝う（celebrate）」の意味で使います。

Q11

⏱目標タイム **25**秒

4つの選択肢から最適のものを選んでください。

In order to stay -------, companies must offer an excellent work environment that will attract talented personnel.

(A) competitive

(B) competitively

(C) competition

(D) compete Ⓐ Ⓑ Ⓒ Ⓓ

単語の意味

□ talented 形 有能な
□ personnel 名 人材

	できた …………○	1回目	2回目	3回目
	あいまい ………△			
	できなかった … ×			

Q11 正解 (A) ──────────────── 難易度 ★★☆

問題パターン 補語になる→形容詞

ステップ1

空所は In order to stay ------, と、不定詞の中にあり、動詞 stay に続いています。動詞が重複することはないので、まず (D) compete を外せます。

ステップ2

動詞の **stay** は「とどまる」の意味で、〈**stay C**〉（～にとどまる）の形で使えます。つまり、空所は補語になるので、入るのは名詞か形容詞です。よって、副詞の (B) competitively は不可です。

ステップ3

意味を考えると、形容詞の **(A) competitive** だと「競争力がある状態にとどまる」→「競争力を維持する」と適切な意味になります。名詞の (C) competition だと「競争にとどまる」と意味をなさず、不適です。

問題・選択肢

競争力を維持するためには、企業は有能な人材を引きつける優れた職場環境を提供しなければならない。

(A) competitive ……形容詞（競争力のある）
(B) competitively ……副詞（競って）
(C) competition ……名詞（競争）
(D) compete ……動詞（競争する）

〈V C〉の形をとる動詞

〈V C〉の形をとるのは be 動詞だけではありません。stay をはじめ次のような動詞があります。

- remain（～のままだ）　　remain silent（黙ったままだ）
- keep（～のままにする）　keep warm（暖かくしておく）
- turn（変わる）　　　　　turn red（紅葉する）
- come（～になる）　　　　come true（実現する）

Q12

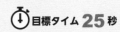

4つの選択肢から最適のものを選んでください。

Since the renovations were completed earlier this year, the Freeport History Museum's visitor numbers have ------ increased.

(A) signifies

(B) significant

(C) significantly

(D) significance

Ⓐ Ⓑ Ⓒ Ⓓ

単語の意味

□ renovation 名改修

できた ………… ○　1回目　2回目　3回目
あいまい ……… △
できなかった … ✕

Q12　正解 (C) ——————————————————————— 難易度 ★☆☆

（問題パターン）動詞を修飾→副詞

（ステップ1）
空所の位置は後半の主節にあり、the Freeport History Museum's visitor numbers have ------ increased となっています。

（ステップ2）
have と過去分詞の間で、動詞や形容詞は入る余地がなく、(A) signifies と (B) significant を外せます。

（ステップ3）
空所が increased を修飾すると考えて (C) significantly を選べば「フリーポート歴史博物館の訪問者数はかなり伸びている」と文意が通ります。これが正解。
文法的には have の目的語として名詞も可能ですが、後ろから過去分詞の increased が単独で修飾するのがおかしく、また意味も通らないので (D) significance は誤りです。

（問題・選択肢）
改修が今年の早い時期に完了したので、フリーポート歴史博物館の訪問者数はかなり伸びている。

(A) signifies　……動詞三単現（示す）
(B) significant　……形容詞（かなりの）
(C) significantly　……副詞（かなり）
(D) significance　……名詞（重要性）

 significantly

　形容詞の significant には主要な2つの意味があります。「重要な」と「かなりの」です。副詞の significantly も同様に「重要なことは」「かなり」の2つの意味がありますが、TOEICでは「かなり」の意味でより頻繁に出ます。

The revenues are significantly better this year.
（収入は今年はかなり良好だ）
Most significantly, the new CEO came in.
（何より重要なことは、新しいCEOが就任したことだ）

Q13

4つの選択肢から最適のものを選んでください。

You may cancel the service free of charge within 30 days if it is not -------.

(A) satisfied
(B) satisfactory
(C) satisfactorily
(D) satisfaction

Ⓐ Ⓑ Ⓒ Ⓓ

単語の意味

□ free of charge　無料で

できた …………○　1回目　2回目　3回目
あいまい ………△
できなかった …×

Q13 正解 (B) ──────────────── 難易度 ★★☆

問題パターン 補語になる→形容詞

ステップ1

空所は if 節の中にあり、if it is not ------ となっています。補語の位置にあるので、入るのは形容詞（分詞を含む）か名詞です。まず、副詞の (C) satisfactorily を外せます。

ステップ2

ここの it は the service を指し、空所はサービスの様態を示さなければなりません。名詞の (D) satisfaction だと「サービスは満足だ」をおかしな文になります。これも不可です。

ステップ3

過去分詞の (A) satisfied か形容詞の (B) satisfactory かですが、動詞 satisfy は「満足させる」の意味であることから、過去分詞の satisfied は「満足させられた」→「満足した」で、主語は人でないといけません。よって、(A) は誤りです。**(B) satisfactory は「満足する」の意味でサービスの形容になるので、これが正解となります。**

問題・選択肢

ご満足いくものでなければ、30日以内であれば、無料でサービスをキャンセルできます。

(A) satisfied ……過去分詞（満足した）
(B) satisfactory ……形容詞（満足する）
(C) satisfactorily ……副詞（満足して）
(D) satisfaction ……名詞（満足）

 satisfy の変化形・派生語

……………………………………………………………………………………………

　動詞 satisfy は「満足させる」の意味で、現在分詞 satisfying は「（モノが）満足させる；満足のいく」、過去分詞 satisfied は「満足させられる」→「（人が）満足した」になります。また、形容詞形の satisfactory は「（モノが）満足のいく」で、現在分詞と同様の意味です。

Q14

目標タイム **25** 秒

DAY 1
DAY 2
DAY 3
DAY 4
DAY 5
DAY 6
DAY 7
DAY 8

4つの選択肢から最適のものを選んでください。

The Port William City Council rejected
Liebermann Design's proposal for the new
ferry terminal due to reservations ------- the
cost.

(A) concern

(B) concerns

(C) concerned

(D) concerning　　　　　　　Ⓐ Ⓑ Ⓒ Ⓓ

単語の意味

□ reject　他 拒否する
□ reservation　名 懸念

できた …………○
あいまい ………△
できなかった …×

1回目　2回目　3回目

Q14　正解 (D) ──────────────── 難易度 ★★☆

問題パターン 名詞と名詞の間→前置詞

ステップ1

空所は due to が導く表現の中にあり、due to reservations ------ the cost となっています。

ステップ2

名詞 reservations と名詞 the cost に挟まれているので、2つの名詞をつなぐ言葉が必要です。

ステップ3

選択肢でこの機能をもつのは前置詞の (D) concerning のみです。「経費についての懸念から」となり、文意も通ります。なお、動詞 concern は「かかわる」で、concerning はその現在分詞が慣用で前置詞化したものです。

問題・選択肢

ポート・ウイリアム市議会は、経費についての懸念から、新フェリー・ターミナルについてのリーバーマン・デザインの提案を拒否した。

(A) concern　……動詞原形（かかわる）・名詞（懸念）
(B) concerns　……動詞三単現（かかわる）・名詞（懸念）
(C) concerned　……過去分詞（関係して；関心をもって）
(D) concerning　……前置詞（〜について）

 concerning

　concerning（〜について）は、本来は concern（かかわる）の現在分詞で、それが前置詞化したものです。同様に、regard（関係する）も現在分詞の regarding は「〜について」の意味で、前置詞として使われます。どちらも、品詞の識別問題に登場するので覚えておきましょう。

4つの選択肢から最適のものを選んでください。

------- with her previous paintings shows how Chloe Fillon has developed as a painter.

(A) Compared

(B) Comparison

(C) Comparable

(D) Comparably

できた …………○
あいまい ………△
できなかった …×

1回目 2回目 3回目

Q15　正解 (B) ━━━━━━━━━━━━━━ 難易度 ★★☆

問題パターン 主語になる→名詞

ステップ1

この問題を解くカギは文構造をしっかり押さえることです。この文は〈------ with her previous paintings〉＝主語、〈shows〉＝述語動詞、〈how Chloe Fillon has developed as a painter〉＝目的語の〈S V O〉の構造です。

ステップ2

------- with her previous paintings を主語にするには名詞が必要です。

ステップ3

名詞は (B) Comparison（比較）で、これが正解です。「彼女の以前の絵との<u>比較</u>が、クロエ・フィロンが画家としてどのように進歩してきたかを教えてくれる」となります。

ぱっと見で、with との関係から (A) Compared や (C) Comparable を選んではいけません。

問題・選択肢

彼女の以前の絵との<u>比較</u>が、クロエ・フィロンが画家としてどのように進歩してきたかを教えてくれる。

(A) Compared　……過去分詞（比較して）
(B) Comparison　……名詞（比較）
(C) Comparable　……形容詞（似通っている）
(D) Comparably　……副詞（同程度に）

 名詞と前置詞の組み合わせ

　動詞 compare は with と結びついた表現がありますが、名詞になっても同じ前置詞との相性は変わりません。**comparison with**（～との比較）で使います。他の動詞・名詞も同様です。

depend on（～に依存する）　　　dependence on（～への依存）
comply with（～を遵守する）　　compliance with（～の遵守）
participate in（～に参加する）　　participation in（～への参加）

DAY 2

文法問題

動詞の形

15問

┈┈┈┈ 「動詞の形」問題の攻略法 ┈┈┈┈

問題形式

　動詞の形問題は選択肢が動詞原形とその変化形で構成された問題です。変化形とは三単現 s 付き、現在分詞・動名詞、過去・過去分詞、不定詞、さらに未来の will や完了の〈have/had 過去分詞〉など、助動詞との組み合わせも含みます。

解き方

　動詞の形問題も、まず空所の文中での役割を考えることが基本です。述語動詞か分詞や不定詞か、時制・態はどれが正しいか、主語と動詞の形が一致しているか、などがチェックすべきポイントです。仮定法など特殊な文なら、その形を確認します。

DAY 1
DAY 2
DAY 3
DAY 4
DAY 5
DAY 6
DAY 7
DAY 8

Q1

4つの選択肢から最適のものを選んでください。

The Airport Express bus service ------- for Norton Regional Airport every hour from several locations in town.

(A) leave

(B) was left

(C) to leave

(D) leaves   Ⓐ Ⓑ Ⓒ Ⓓ

単語の意味

□ regional　形 地方の

□ location　名 場所；位置

できた …………○　1回目　2回目　3回目

あいまい ………△　□　□　□

できなかった …×

45

Q1 正解 (D) ———————————————— 難易度 ★☆☆

問題パターン 習慣的な動き→現在形

ステップ1

この文は The Airport Express bus service が主語で、for 以下は修飾語の要素です。述語動詞がないので、空所には述語動詞の形を選ぶ必要があります。まず、不定詞の (C) を外せます。

ステップ2

次に述語動詞の形を考えます。態は、「バスサービス」が「出ている」と能動態になるはずなので、受動態の (B) は不可です。

ステップ3

残ったのは現在形の **(A)** か **(D)** ですが、**主語は service と単数です。三単現の s の付いた (D) が正解になります**。every hour（毎時）という表現もあり、この現在形は習慣的な動き・行動を表します。

問題・選択肢

空港エクスプレス・バスサービスは、街のいくつかの地点から毎時、ノートン地方空港に向けて出ている。

(A) leave ……原形
(B) was left ……過去形（受動態）
(C) to leave ……不定詞
(D) leaves ……現在形（三単現）

現在形

　現在形は「**習慣的な動作・動き**」に使います。この問題では every hour という習慣性を示す表現がありましたが、他にも usually や always、often、every morning などが使われます。

　現在形は他に「**事実・真実**」「**今抱いている感情・思考**」を表すのに使います。

・I live in Fukuoka.（私は福岡に住んでいます）［事実］
・I'm pleased to attend the party.（このパーティーに出席できて嬉しいです）［今抱いている感情］

Q2

⏱目標タイム **25**秒

4つの選択肢から最適のものを選んでください。

BestChoice Snacks released a new cookie line
------- tropical fruits such as pineapples and
mangos.

(A) feature

(B) features

(C) featuring

(D) featured Ⓐ Ⓑ Ⓒ Ⓓ

DAY 3

DAY 4

DAY 5

DAY 6

DAY 7

DAY 8

単語の意味

□ line 名製品ライン

	できた …………○	1回目	2回目	3回目
	あいまい ………△			
	できなかった …×			

Q2 正解 (C) ──────────────── 難易度 ★☆☆

［問題パターン］ 名詞と名詞を結びつける→現在分詞

［ステップ1］
空所の位置は BestChoice Snacks released a new cookie line ------- tropical fruits です。すでに述語動詞の released があるので、動詞は不可です。(A) feature と (B) features を外せます。

［ステップ2］
空所は2つの名詞の要素である a new cookie line と tropical fruits の間にあり、この前後をつなぐことができなければなりません。

［ステップ3］
動詞 feature は「取り入れる」の意味で、現在分詞を使って〈a new cookie line featuring tropical fruits〉とすれば、「熱帯のフルーツを取り入れた新しいクッキーの製品ライン」と前後の名詞をつなぐことができます。よって、(C) が正解です。
過去分詞の (D) featured では前後の要素がつながりません。

［問題・選択肢］
ベストチョイス・スナックスは、パイナップルやマンゴーなどの熱帯フルーツを取り入れた新しいクッキーの製品ラインを発売した。

(A) feature ……原形
(B) features ……現在形（三単現）
(C) featuring ……現在分詞
(D) featured ……過去分詞

 現在分詞の機能

　動詞の形問題で、〈名詞 ------- 名詞〉の並びの場合、現在分詞の可能性を検討しましょう。他動詞の現在分詞は目的語をとりながら、前の名詞にかかる機能があります。〈名詞 ← Ving 名詞（目的語）〉のイメージです。自動詞の場合は前置詞を介します。〈名詞 ← Ving 前置詞＋名詞（目的語）〉

The renovation to the employee lounge in the head office cost more than we -------.

(A) expect

(B) are expecting

(C) had expected

(D) had been expected

Ⓐ Ⓑ Ⓒ Ⓓ

Q3 正解 (C) ─────────────── 難易度 ★★☆

ステップ1

空所の位置は more than we ------- で、後半の文の述語動詞になっています。

ステップ2

前半の文の述語動詞は cost で、主語が The renovation と単数なのに三単現の s が付いていないことから過去形とわかります。**選択肢の expect は「予測する」の意味で、more than（〜よりも）の後にあることから、時制は cost より以前の過去完了にする必要があります。**

ステップ3

態は、we が主語なので「予測した」と能動態です。よって、過去完了で能動態の (C) had expected が正解になります。

問題・選択肢

本社の社員ラウンジの改修は、私たちが予測していたよりも経費がかかった。

(A) expect ……原形
(B) are expecting ……現在進行形
(C) had expected ……過去完了形（能動態）
(D) had been expected ……過去完了形（受動態）

more than we had expected

過去完了形は時制が過去より後ろにずれたときに使いますが、Part 5 でよく出るのは、主節が過去形でそれに〈more [less] 〜 than we had expected〉が続くパターンです。動詞は predict なども使われます。

4つの選択肢から最適のものを選んでください。

A city council member has proposed
------- public hearings about increasing fees
for campers in Broadmoor Forest Park.

(A) holding

(B) hold

(C) held

(D) being held

ⒶⒷⒸⒹ

単語の意味

□ public hearing　公聴会

	できた …………○	1回目	2回目	3回目
	あいまい ………△			
	できなかった …×			

Q4 正解 (A) ——————————————— 難易度 ★☆☆

問題パターン 動詞＋動名詞

ステップ1

空所の位置は A city council member has proposed ------ public hearings で、述語動詞の後、目的語の前です。選択肢の hold は「開催する」の意味で、hold public hearings で「公聴会を開く」となります。

ステップ2

動詞 propose に hold を続けなければなりませんが、propose は目的語に不定詞も動名詞もとれます。

ステップ3

選択肢に不定詞はないので動名詞を選びますが、「公聴会を開くことを提案している」となる能動態の (A) holding が正解です。受動態の (D) being held では目的語の public hearings につながらず、意味も通りません。

問題・選択肢

ある市議会議員は、ブロードムーア森林公園のキャンパーに課される料金の増額について公聴会を<u>開くこと</u>を提案している。

(A) holding ……動名詞（能動態）
(B) hold ……原形
(C) held ……過去形・過去分詞
(D) being held ……動名詞（受動態）

動詞＋不定詞／動名詞

　動詞が目的語に不定詞か動名詞のどちらをとれるか、両方とれるかは決まっています。基本的な組み合わせを覚えておきましょう。

・**不定詞のみ**：wish、decide、intend、fail、expect、manage、afford
・**動名詞のみ**：mind、enjoy、avoid、finish、postpone、consider
・**両方をとれる**：try、start、cease、regret、propose、remember

⏱目標タイム **25**秒

4つの選択肢から最適のものを選んでください。

Simply ------- in the form to join our customer loyalty programs which offer various discounts and benefits.

(A) fill

(B) filling

(C) to fill

(D) for you to fill

 Ⓐ Ⓑ Ⓒ Ⓓ

単語の意味

□ customer loyalty program　お客様プログラム

□ benefit 名特典

Q5 正解 (A) ━━━━━━━━━━━━━━━━━ 難易度 ★☆☆

問題パターン 命令文

ステップ1

空所の位置は Simply ------- in the form to join our customer loyalty programs で、副詞 Simply の後です。

ステップ2

which 以下は programs につながる要素なので、この文には述語動詞がありません。

ステップ3

空所の前には主語がないので、命令文と考えられます。よって、原形の (A) fill が正解です。

問題・選択肢

この用紙にご記入いただくだけで、さまざまなディスカウントや特典が受けられる当社のお客様プログラムに参加できます。

(A) fill ……原形
(B) filling ……現在分詞・動名詞
(C) to fill ……不定詞
(D) for you to fill ……for 主語 + 不定詞

 命令文

　述語動詞が見当たらず、空所が文頭ないしはその近くにある場合には命令文ではないかと考えましょう。命令文がビジネスシーンで使われるのは指示や案内の文においてです。**問題文が社員への指示や顧客への案内であれば、命令文の可能性があります。**

4つの選択肢から最適のものを選んでください。

Many graduates of Parnell Acting Academy
have had ------- careers in the entertainment
business.

(A) distinguish

(B) distinguished

(C) distinguishes

(D) distinguishing　　　　　Ⓐ Ⓑ Ⓒ Ⓓ

できた ………… ○　1回目　2回目　3回目
あいまい ……… △
できなかった … ×

DAY 1
DAY 2
DAY 3
DAY 4
DAY 5
DAY 6
DAY 7
DAY 8

55

Q6　正解 (B) ————————————— 難易度 ★★☆

問題パターン 名詞を修飾→過去分詞

ステップ1
文の構造を見ると、Many graduates of Parnell Acting Academy が主語で、have had が述語動詞、------- careers が目的語になると考えられます。述語動詞はすでにあるので、まず原形の (A) と現在形（三単現）の (C) を外せます。

ステップ2
空所は careers を修飾すると考えて、過去分詞の (B) か現在分詞の (D) かを検討します。

ステップ3
過去分詞の (B) distinguished は「傑出した」の意味で、careers を修飾して「傑出したキャリア」となり、主語・動詞と合わせて「卒業生は傑出したキャリアをもっている」と意味が通ります。これが正解です。
現在分詞の (D) distinguishing では「識別するキャリア」となり意味をなしません。また仮に動名詞と考えても、主語・動詞と一緒にすると「卒業生はキャリアを識別することをもっている」と意味不明になります。

問題・選択肢
パーネル俳優アカデミーの多くの卒業生は、エンターテインメント業界で傑出したキャリアを築いている。

(A) distinguish 　……原形
(B) distinguished 　……過去分詞
(C) distinguishes 　……現在形（三単現）
(D) distinguishing 　……現在分詞・動名詞

 現在分詞か過去分詞か

現在分詞か過去分詞かに絞れた段階で、どちらかを選ぶ場合には、修飾する名詞との関係を考えましょう。**名詞から見て「する」なら現在分詞、「される」なら過去分詞です。**この問題では、careers（仕事）が「識別される」→「傑出した」なので過去分詞 distinguished が正解になります。
candidate（候補者）が「アピールする」→「魅力的な」なら、an appealing candidate と現在分詞になります。

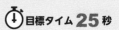
A new policy that the firm is preparing
to introduce ------- to recruit talented
programmers from foreign colleges.

   (A) is

   (B) being

   (C) were

   (D) to be   Ⓐ Ⓑ Ⓒ Ⓓ

単語の意味

□ introduce　他 導入する
□ recruit　他 採用する

できた …………○	1回目	2回目	3回目
あいまい ………△			
できなかった …×			

Q7 正解 (A) ──────── 難易度 ★★☆

問題パターン 主語・動詞の一致

ステップ1

一見すると空所は 2 つの不定詞に挟まれているように見えます。しかし、よく見ると to introduce は preparing から続いていて関係代名詞 that を介して A new policy につながっています。that から introduce までを付加要素と考えれば、空所の主語は A new policy です。to recruit 以下が補語になるので、述語動詞が必要です。

ステップ2

主語は三人称単数なので、現在形であれば **is**、過去形であれば **was** が正解になります。

ステップ3

三人称単数に呼応するものは選択肢には現在形の **(A) is** しかないので、これを選びます。

問題・選択肢

その会社が導入の準備をしている新しい方針は、海外の大学から有能なプログラマーを採用することだ。

(A) is　……現在形（単数）
(B) being　……現在分詞・動名詞
(C) were　……過去形（複数）
(D) to be　……不定詞

 文構造

複雑な文の構造を考えるときには、付属の要素をカッコに入れて考えるとわかりやすくなります。どんな文も 5 文型に落とし込めるので、すばやくどの文型かをつかみ、空所がどの要素かを見極めましょう。この問題の構造もカッコを使うと簡単にわかります。

A new policy (that the firm is preparing to introduce) ------- to recruit
　　　　S　　　　　　　　　　　　　　　　　　　　　　　　　　V

programmers from foreign colleges.
　　　　　　　C

4つの選択肢から最適のものを選んでください。

Dinner at next Sunday's annual Celebrating Entrepreneurship banquet ------- by an awards ceremony.

(A) was followed

(B) were to follow

(C) will follow

(D) will be followed

Ⓐ Ⓑ Ⓒ Ⓓ

単語の意味

☐ entrepreneurship 名 起業活動
☐ banquet 名 宴会

	1回目	2回目	3回目
できた …………○			
あいまい ………△			
できなかった …×			

Q8 正解 (D) ─────────────────────── 難易度 ★★☆

問題パターン 未来の言葉＋ by が続く→受け身の未来形

ステップ1

選択肢には述語動詞が並んでいます。まずポイントになるのは時制です。next Sunday's annual Celebrating Entrepreneurship banquet と **next（次の）が付いているので、この宴会はこれから起こる未来のことだとわかります。** ここから、(C) と (D) に絞れます。

ステップ2

次に態を考えます。**follow は「〜に続く」の意味の他動詞で目的語を続けますが、ここでは空所の次は by an awards ceremony となっているので、受動態となって by（〜によって）以下に続いていくと考えます。**

ステップ3

未来形で受動態の (D) will be followed が正解となります。 意味は「ディナーが授賞式に続かれる」、つまり「ディナーに続いて授賞式が行われる」ということです。

問題・選択肢

次の日曜日の年次起業活動祝宴会ではディナーに続いて授賞式が行われる。

(A) was followed ……過去形（受動態）
(B) were to follow ……過去形（be to do）
(C) will follow ……未来形（能動態）
(D) will be followed ……未来形（受動態）

 follow ∙∙

　動詞 follow は他動詞では「〜に続く；〜についていく」の意味です。時間の前後関係では〈後 follow 前〉です。受け身でもよく使いますが、その場合は〈前 be followed by 後〉となります。意外にまぎらわしいので、この前後関係をしっかり押さえておきましょう。

DAY 1
DAY 2
DAY 3
DAY 4
DAY 5
DAY 6
DAY 7
DAY 8

Q9

4つの選択肢から最適のものを選んでください。

The firm will decide to develop a new product
line after the results of an ongoing survey
-------.

(A) come out

(B) to come out

(C) will come out

(D) will be coming out　　　　　Ⓐ Ⓑ Ⓒ Ⓓ

単語の意味

☐ ongoing 形進行中の
☐ survey 名調査

	できた …………○	1回目	2回目	3回目
	あいまい ………△			
	できなかった …×			

Q9 正解 (A) ──────────────── 難易度 ★★★

ステップ1

空所は after が導く要素の中にあり、after the results of an ongoing survey ------- となっています。空所に不定詞の to come out を入れても適切な表現にならないので、まず (B) を外せます。他の選択肢はすべて述語動詞の形なので after は接続詞として検討を進めます。

ステップ2

主節の時制に注目すると、will decide と未来です。ということは after 〜 も未来の文であるということです。

ステップ3

ところで、after 以降は主節の will decide にかかる副詞節です。**「時を表す副詞節」では未来のことも現在形で表現するので、正解は (A) come out となります。**

問題・選択肢

その会社は、今進めている調査の結果が<u>出て</u>から、新しい製品ラインの開発を決断する。

(A) come out ……現在形
(B) to come out ……不定詞
(C) will come out ……未来形
(D) will be coming out ……未来進行形

 時を表す副詞節

　時を表す副詞節では未来のことも現在形で表すのがルールです。主節に未来形が使われているので、従節は現在形でも未来だとわかるというわけです。
　一方、時を表す名詞節では未来のことは未来形で表します。

・I'll call you before I leave the office.
　　　　　　　　　　　　　時を表す副詞節（動詞の call にかかる副詞の要素）

・I think that the meeting will finish before noon.
　　　　時を表す名詞節（think の目的語［＝名詞の要素］になっている）

DAY 1

DAY 2

DAY 3

DAY 4

DAY 5

DAY 6

DAY 7

DAY 8

Q10

⏱ 目標タイム **25** 秒

4つの選択肢から最適のものを選んでください。

Remember to closely check the figures of revenues, expenses and so on when ------- the quarterly report.

(A) to proofread

(B) proofreading

(C) proofread

(D) have proofread

Ⓐ Ⓑ Ⓒ Ⓓ

単語の意味

□ revenue 名 収入
□ so on ～など
□ quarterly 形 四半期の

できた …………○
あいまい ………△
できなかった …×

 1回目

 2回目

3回目

Q10 正解 (B) ———————————— 難易度 ★★☆

問題パターン 接続詞＋現在分詞

ステップ1

空所の位置は when ------ the quarterly report で、空所は接続詞 when の後ろにあります。

ステップ2

接続詞の後は本来は主語・述語動詞のある文がきますが、when や while の場合には分詞も可能です。ここでは、the quarterly report という目的語が続くので現在分詞が必要です。

ステップ3

現在分詞は (B) proofreading で、これが正解です。「四半期報告書を校正しているときには」の意味になります。

問題・選択肢

四半期報告書を校正しているときには、収入や経費などの数字を綿密に確認するのを忘れないでください。

(A) to proofread ……不定詞
(B) proofreading ……現在分詞
(C) proofread ……過去分詞
(D) have proofread ……現在完了形

 接続詞＋分詞

〈while [when] + 現在分詞〉は Part 5 の頻出問題なので、このパターンで覚えておくといいでしょう。while や when は接続詞なので通例は文が続きますが、〈主語 + be 動詞〉が省略された形です。

〈while [when] + 過去分詞〉のパターンもあります。

We'll replace the part <u>when needed</u>. （必要とされるときには部品を交換します）

Q11

⏱目標タイム **25**秒

DAY 1

DAY 2

DAY 3

DAY 4

DAY 5

DAY 6

DAY 7

DAY 8

4つの選択肢から最適のものを選んでください。

If Harrison Investments hadn't supported it financially, Crimson Land Co. ------- the economic downturn period.

(A) can't survive

(B) didn't survive

(C) couldn't survive

(D) couldn't have survived ⒶⒷⒸⒹ

単語の意味

□ economic downturn　景気後退

できた …………○　1回目　2回目　3回目
あいまい ………△
できなかった …×

Q11 正解 (D) ——————————————— 難易度 ★★☆

問題パターン 仮定法過去完了

ステップ1

選択肢には述語動詞のさまざまな形が並んでいて、主節の述語動詞を選ぶ問題です。

ステップ2

if 節のほうに注目すると、述語動詞は hadn't supported という〈had + 過去分詞〉になっていて、仮定法過去完了の形です。

ステップ3

対応する主節（帰結節）も仮定法過去完了にしないといけません。**仮定法過去完了の帰結節の形は〈助動詞の過去形 + have + 過去分詞〉なので、これに合った (D) couldn't have survived を選びます。**

問題・選択肢

もしハリソン・インベストメンツが財務的に支援していなかったなら、クリムゾン・ランド社は景気の悪い時期を乗り切ることができなかっただろう。

(A) can't survive ……現在形
(B) didn't survive ……過去形
(C) couldn't survive ……仮定法過去
(D) couldn't have survived ……仮定法過去完了

仮定法

　仮定法は形が決まっているので、形がわかれば正解を見つけるのは簡単です。

- 〈If S 過去形, S 助動詞の過去形 + 原形〉［仮定法過去］
- 〈If S 過去完了, S 助動詞の過去形 + have + 過去分詞〉［仮定法過去完了］
　仮定法の条件節は if を使わず、倒置で表すこともあります。
　Had they offered better conditions, we would have signed the contract.
　（彼らがもっといい条件を提示していれば、われわれは契約書にサインしていただろう）

⏱️目標タイム **25**秒

4つの選択肢から最適のものを選んでください。

Drake Consulting helps clients ------- digital transformation in the logistics industry.

(A) accelerate

(B) accelerates

(C) accelerated

(D) to be accelerated

Ⓐ Ⓑ Ⓒ Ⓓ

単語の意味

□ transformation 名転換
□ logistics 名物流；ロジスティクス

できた …………○　1回目　2回目　3回目
あいまい ………△
できなかった …×

Q12 正解 (A) ——————————————— 難易度 ★★☆

問題パターン help ＋目的語＋原形

ステップ1

空所の位置は Drake Consulting helps clients ------- digital transformation です。空所に動詞の形が入ることを考えると、空所は〈help O C〉の補語 C に当たると考えられます。

ステップ2

help は特殊な動詞で、〈help O C〉の C の部分に、原形と不定詞の両方を使うことができます。

ステップ3

原形の (A) accelerateと不定詞の (D) to be acceleratedに絞れます。(D) は不定詞が受け身になっていますが、この形だと digital transformation につながりません。**原形の (A) を入れれば「デジタル転換を<u>促進する</u>のを支援する」と適切な文になります。**

問題・選択肢

ドレイク・コンサルティングは、お客様が物流業界のデジタル転換を<u>促進する</u>のを支援します。

(A) accelerate ……原形
(B) accelerates ……現在形（三単現）
(C) accelerated ……過去分詞
(D) to be accelerated ……不定詞（受動態）

 help

help（助ける）は後ろに動詞を従える用法がかなり柔軟です。さまざまなパターンがあるので注意しましょう。
・目的語がある場合：〈help O to do〉〈help O do〉
・目的語がない場合：〈help to do〉〈help do〉
　また、help には「避ける」の意味もあり、この場合は動名詞を続けます。
　〈cannot help doing〉（〜せざるをえない）

４つの選択肢から最適のものを選んでください。

By this month next year, Sheng Long Chemicals ------- two new research institutes in Eastern Europe.

(A) opens

(B) has opened

(C) will have opened

(D) will have been opened

Ⓐ Ⓑ Ⓒ Ⓓ

単語の意味

□ research institute　研究所

Q13　正解 (C) ―――――――――――――――――――――――――――――――― 難易度 ★★☆

問題パターン 未来完了形

ステップ1

空所にはさまざまな時制の述語動詞が並んでいて、適切な述語動詞を選ぶ問題です。

ステップ2

着目すべきは冒頭の By this month next year, です。「来年の今月までに」と「未来の一時点まで」を示しています。

ステップ3

未来の一時点までになされる行動を表すには「未来完了形」を使います。〈will have 過去分詞〉の形です。態は、Sheng Long Chemicals という会社が two new research institutes を「開設する」と能動の形です。よって、未来完了形で能動態の (C) will have opened が正解になります。

問題・選択肢

来年の今月までに、シェンロン・ケミカルズは東ヨーロッパに2つの新しい研究所を開設しているだろう。

(A) opens　……現在形（三単現）

(B) has opened　……現在完了形

(C) will have opened　……未来完了形（能動態）

(D) will have been opened　……未来完了形（受動態）

 未来完了形

　未来完了形は Part 5 でよく出る時制のパターンです。この問題は「完了」の用法で、by（〜までに）という「未来の一時点まで」の表現が使われているのが目印になります。

　未来完了形にも「経験」「継続」の用法があります。

If I watch the movie again, I'll have watched it four times.　［経験］

（もしもう一度その映画を観たら、それを4回観たことになる）

I'll have worked for the company for 20 years next April.　［継続］

（次の4月になれば、この会社で20年間働き続けていることになる）

Q14

4つの選択肢から最適のものを選んでください。

The company's inspection team met the factory staff to ensure that regulations ------- with properly.

(A) are complied

(B) to be complied

(C) complied

(D) has been complied

Ⓐ Ⓑ Ⓒ Ⓓ

単語の意味

☐ inspection 名検査
☐ ensure 他確実に～であるようにする

	できた …………○	1回目	2回目	3回目
	あいまい ………△			
	できなかった …×			

Q14 正解 (A) ──────────── 難易度 ★★☆

問題パターン 〈自動詞＋前置詞〉の受け身

ステップ1

空所の位置は to ensure that regulations ------ with properly で、空所は ensure が導く that 節の中にあります。ensure that 〜で「確実に〜であるようにする」という意味です。この that 節には述語動詞が必要なので、まず不定詞の (B) to be complied を外せます。

ステップ2

選択肢で使われている動詞 comply は自動詞ですが、with を伴うと目的語を続けられます（他動詞化します）。comply with で「〜を守る；〜を遵守する」の意味です。**ここでは、regulations が主語になっているので、「規則が守られる」と受動態にしないといけません。** ここから、能動態の (C) complied が外れます。

ステップ3

受動態の形は (A) are complied と (D) has been complied ですが、(D) は has が複数の主語と合わないので (A) を選びます。
なお、主文は過去形なので時制が一致しませんが、「規則が適切に遵守される」という常態を表すのであれば、時制の一致を受けません。

問題・選択肢

その会社の検査チームは、規則が適切に遵守されることを確実にするために工場のスタッフに会った。

(A) are complied ……現在形（受動態）
(B) to be complied ……不定詞（受動態）
(C) complied ……過去形（能動態）
(D) has been complied ……現在完了形（受動態）

 〈自動詞＋前置詞〉

　自動詞は目的語をとれないので単独では受動態にできませんが、〈自動詞＋前置詞〉の形にすれば目的語をとれるので、受動態にすることが可能です。前置詞と合わせて他動詞のように機能します。
（能動態）All staff relies on her. → （受動態）She is relied on by all staff.

Q15

4つの選択肢から最適のものを選んでください。

The company policies require that expenses paid by employees ------- reimbursed within one month from the date of payment.

(A) be

(B) are

(C) were

(D) will be

Ⓐ Ⓑ Ⓒ Ⓓ

単語の意味

□ reimburse 他 返金する

できた …………○　1回目　2回目　3回目
あいまい ………△
できなかった …×

73

Q15　正解 (A) ─────────── 難易度 ★★★

ステップ1

選択肢には be 動詞のさまざまな形が並んでいます。空所は require が導く that 節の中にあり、主語が expenses で、------- reimbursed が受動態の述語動詞であると考えられます。

ステップ2

この問題のポイントは主節の動詞 require です。**require のような「要求・助言」の動詞が導く that 節は「仮定法現在」という形になり、動詞は原形を使うのです。**

ステップ3

よって、(A) be が正解です。should be とすることもありますが、should を省略することが多いです。(B) are や (D) will be は一見よさそうなので、うっかり選ばないようにしましょう。

問題・選択肢

会社の方針は、社員が支払った経費は支払日から1カ月以内に払い戻されることを求めている。

(A) be 　……原形
(B) are 　……現在形
(C) were 　……過去形
(D) will be 　……未来形

 仮定法現在

　主節の動詞が要求・助言を表す場合、that 節の動詞を原形にします。この用法を「仮定法現在」と呼びます。要求・助言の動詞は次のようなものです。
require, advise, suggest, recommend, request, insist
that 節を導く形容詞・名詞が要求・助言を表す場合も同様です。
It is **mandatory** that sales reports be submitted tomorrow.
（販売報告を明日提出するのは必須です）
We received many **requests** that the construction be finished much earlier.
（私たちは建設工事をもっと早く終えるようにとのたくさんの要請を受けた）

DAY 3

単語問題

動詞・形容詞・名詞

15問

……動詞・形容詞・名詞の「単語問題」の攻略法……

問題形式

　単語問題は原則的に、選択肢には同じ品詞が並びます。例えば、形容詞なら異なったさまざまな形容詞が並ぶことになります。動詞や名詞も同様です。

解き方

　単語問題を解くには、文意を把握することが基本です。全体の文意がつかめれば、その文脈に合う選択肢を見つけ出すことができます。

　文全体を見なくても、部分だけから解ける問題もあります。動詞であれば目的語との相性、形容詞であれば形容する名詞との相性、名詞であれば動詞・形容詞との相性を考えましょう。ただ、こうした部分だけで解決する問題は多くありません。

DAY 1
DAY 2
DAY 3
DAY 4
DAY 5
DAY 6
DAY 7
DAY 8

Q1

⏱ 目標タイム **25** 秒

4つの選択肢から最適のものを選んでください。

Many younger workers say they are willing to ------- a lower salary in exchange for a flexible work schedule.

(A) accept

(B) stay

(C) agree

(D) reserve

Ⓐ Ⓑ Ⓒ Ⓓ

単語の意味

□ in exchange for ～に代えて
□ flexible work schedule フレックスタイム

	1回目	2回目	3回目
できた …………○			
あいまい ………△			
できなかった …×			

Q1 正解 (A) ━━━━━━━━━━━━━━━━━ 難易度 ★☆☆

問題パターン 動詞の選択

ステップ1

空所の位置は **------- a lower salary in exchange for a flexible work schedule** です。**in exchange for** は「〜に代えて」のイディオムで、「フレックスタイムの代わりに減給をどうするか」を考えます。

ステップ2

この文脈から、候補を (A) accept（受け入れる）と (C) agree（同意する）に絞ることができます。(B) stay は「泊まる」「頑張り通す」の意味で他動詞としても使いますが、salary には合いません。(D) reserve（予約する；保有する）も文意に合いません。

ステップ3

(A) accept は他動詞で直接目的語を取れるので、これが正解です。 (C) の agree は自動詞として使い、目的語を伴うには前置詞が必要で、ここでは agree to にしないといけません。

問題・選択肢

多くの若い労働者は、フレックスタイムの代わりに減給を<u>受け入れる</u>と話している。

(A) accept ……受け入れる
(B) stay ……泊まる；頑張り通す
(C) agree ……同意する
(D) reserve ……予約する；保有する

自動詞と他動詞

　他動詞は直接目的語をとり、自動詞は前置詞を介して目的語をとります。日本語のイメージでなく、英語としての用法を覚えておくことが大切です。

(**他動詞**) discuss（〜を話し合う）　　mention（〜に言及する）
　　　　　 oppose（〜に反対する）　　consider（〜を検討する）
　　　　　 enter（〜に入る）　　　　　visit（〜を訪れる）
(**自動詞**) arrive in [at]（〜に到着する）　graduate from（〜を卒業する）
　　　　　 register for（〜に登録する）　subscribe to（〜を定期購読する）

4つの選択肢から最適のものを選んでください。

Citizen volunteers acted to ------- money to restore the old clock tower in the city center.

(A) expect

(B) raise

(C) achieve

(D) spend　　　　　　　Ⓐ Ⓑ Ⓒ Ⓓ

単語の意味

□ restore 他 修復する

できた …………○　1回目　2回目　3回目
あいまい ………△
できなかった …×

Q2 正解 (B) ──────────────── 難易度 ★★☆

問題パターン 動詞の選択

ステップ1

空所は不定詞の中にあり、次は目的語の money です。money を目的語にとるという点から、(C) achieve では「お金を達成する」と意味をなさないので、まず (C) を外せます

ステップ2

全体の文意は「市民ボランティアは、市の中心にある古い時計塔を修復する資金を〜ために活動した」です。

ステップ3

money は「時計塔を修復するための資金」なので、「集める；調達する」の意味の (B) raise が正解になります。
(A) expect（期待する）ではボランティアの行動にならず、(D) spend では資金を使ってしまって時計塔を修復できません。

問題・選択肢

市民ボランティアは、市の中心にある古い時計塔を修復する資金を集めるために活動した。

(A) expect ……期待する
(B) raise …… (資金を) 集める
(C) achieve ……達成する
(D) spend ……費やす

 raise ....

　raise は「（引き）上げる」が原意ですが、TOEIC では raise funds（資金を集める）、**raise capitals**（資本金を調達する）のように「(お金を) 集める」の意味でよく使います。

　他にも、**raise taxes**（税金を上げる）、**raise a child**（子供を育てる）、**raise awareness**（注意を引く）の用法もあります。

　raise は他動詞で、対応する自動詞は rise（上がる）です。

⏱目標タイム **25**秒

4つの選択肢から最適のものを選んでください。

Members are ------- an upgrade to ocean-view rooms within the period from May 1 through June 15.

(A) welcomed

(B) applied

(C) guaranteed

(D) encouraged

単語の意味

□ upgrade 名格上げ；アップグレード

Q3 正解 (C) ―――――――――――――――― 難易度 ★★☆

ステップ1

選択肢には過去分詞が並んでいて、Members are ------- an upgrade to ocean-view rooms の空所に適切な意味の動詞を選ぶ問題です。

ステップ2

主語は Members で、さらに目的語の an upgrade があるので、ここに入る動詞は 〈V O₁ O₂〉と目的語が2つとれるものであるはずです。それが受け身になり〈O₁ are Ved O₂〉という形になっているわけです。

ステップ3

選択肢では (C) の guarantee のみが〈guarantee O₁ O₂〉（O₁ に O₂ を保証する）の形をとれるので、これが正解になります。文意も「会員は、海の見える部屋へのアップグレードが保証される」と適切です。
他の動詞はどれも目的語を2つとる用法がなく、受動態でこの問題の形をとれません。

問題・選択肢

会員は、5月1日から6月15日までの間は海の見える部屋へのアップグレードが保証される。

(A) welcomed ……歓迎される
(B) applied ……適用される
(C) guaranteed ……保証される
(D) encouraged ……推奨される

目的語を2つとる動詞

guarantee は〈guarantee O₁ O₂〉と目的語を2つとれ、O₁ が主語で受け身になったときには〈O₁ is guaranteed O₂〉の形になります。動詞の形問題で注意が必要です。

他に〈V O₁ O₂〉が可能な動詞に offer、cost、save、buy、show、cook、cause、leave などがあります。

4つの選択肢から最適のものを選んでください。

The city council voted to ------- the bus service between City Hall and the Castle Park as the new tram line there will be open next month.

(A) connect

(B) expire

(C) discontinue

(D) undergo　　　　　　　Ⓐ Ⓑ Ⓒ Ⓓ

単語の意味

☐ city council　市議会
☐ tram　名トラム；路面電車

	できた …………○	1回目	2回目	3回目
	あいまい ………△			
	できなかった …×			

Q4 正解 (C) ─────────────────── 難易度 ★★☆

問題パターン 動詞の選択

ステップ1

空所は to 不定詞の中にあり、------ the bus service となっています。目的語が「バスの運行」なので、(D) undergo（経験する；（検査などを）受ける）は意味的に合わないのでまず外せるでしょう。また、(B) expire は「失効する」の意味で自動詞として使うので、これも不可です。

ステップ2

文意は「来月に新しいトラムの路線がそこで運行を始めるので、市議会は市役所とキャッスル・パークの間のバスの運行を〜投票をした」です。

ステップ3

新しいトラムの運行が始まるのなら、重複する「バスの運行をやめる」と考えられます。よって、(C) discontinue（やめる；停止する）が正解になります。
(A) connect（連結する）は意味が逆で不可です。また、他動詞としては２つのものをつなぐ必要があります。

問題・選択肢

来月に新しいトラムの路線がそこで運行を始めるので、市議会は市役所とキャッスル・パークの間のバスの運行をやめる投票をした。

(A) connect ……連結する
(B) expire ……失効する
(C) discontinue ……やめる
(D) undergo ……経験する；（検査などを）受ける

 discontinue

discontinue は continue（続ける；続く）の反意語で、この問題のように「（交通機関やサービスを）停止する」のほか、「（生産を）中断する」の意味でもよく使います。a discontinued line（生産停止した商品ライン）。また、受動態でよく使われるのも特徴です。

The advanced course will be discontinued.（上級コースは中止されます）

DAY
1

DAY
2

DAY
3

DAY
4

DAY
5

DAY
6

DAY
7

DAY
8

Q5

⏱ 目標タイム **25**秒

4つの選択肢から最適のものを選んでください。

The city auditorium has the latest sound
system and can ------- up to 2,400 people.

(A) go

(B) expand

(C) obtain

(D) accommodate

Ⓐ Ⓑ Ⓒ Ⓓ

単語の意味

□ auditorium 名公会堂

できた …………○
あいまい ………△
できなかった …×

1回目 ☐ 2回目 ☐ 3回目 ☐

Q5 正解 (D) ─────────────────── 難易度 ★★☆

問題パターン 動詞の選択

ステップ1

空所は文の後半にあり、can ------ up to 2,400 people となっています。主語は The city auditorium（市の公会堂）です。

ステップ2

「市の公会堂が2400人までの人々をどうするか」を考えます。

ステップ3

(D) accommodate（収容する）が適切なので、これを選びます。
(A) go は up to とのつながりを想像させるひっかけの選択肢で、「2400人までの人々まで行く」と意味をなしません。(B) expand（拡張する）は主語が「公会堂」であることから不適です。(C) obtain（獲得する）も文脈に合いません。

問題・選択肢

市の公会堂は最新の音響システムを備え、2400人までの人々を<u>収容</u>できる。

(A) go　……行く
(B) expand　……拡張する
(C) obtain　……獲得する
(D) accommodate　……収容する

 accommodate ....

accommodate は TOEIC によく出ますが、多義語であることに注意しましょう。この問題のように「**（建物などが人数を）収容する**」のほか、「**配慮する**」「**提供する**」の意味でも使います。

<u>accommodate</u> customer needs（顧客のニーズに配慮する）

<u>accommodate</u> you with a loan（あなたにローンを提供する）

また、名詞の **accommodation(s)** は「**宿泊施設；ホテル**」の意味でよく出ます。

DAY 1
DAY 2
DAY 3
DAY 4
DAY 5
DAY 6
DAY 7
DAY 8

Q6

4つの選択肢から最適のものを選んでください。

The contractor promised to complete
renovating the rooftop pool within the -------
time frame.

(A) significant

(B) intensive

(C) varied

(D) remaining　　　　　　　Ⓐ Ⓑ Ⓒ Ⓓ

単語の意味

☐ contractor 　名工事（請負）業者
☐ renovate 　他改修する

	できた …………○	1回目	2回目	3回目
	あいまい ………△			
	できなかった …×			

Q6 正解 (D) ———————————————— 難易度 ★★☆

問題パターン 形容詞の選択

ステップ1

空所の位置は within the ------ time frame で、空所に入る形容詞は time frame（時間枠）を修飾します。

ステップ2

全体の文意は「工事業者は屋上プールの改修を〜時間枠の中で完了すると約束した」です。

ステップ3

改修を完了する時間枠なので、**(D) remaining を選んで「残っている時間枠」とすると文意が通ります。**
(A) significant（重要な）は time frame 自体を修飾できても、文全体の中で意味をなしません。(B) intensive（集中的な）や (C) varied（さまざまな）は time frame を修飾すること自体に難があります。

問題・選択肢

工事業者は屋上プールの改修を残っている時間枠の中で完了すると約束した。

(A) significant ……重要な
(B) intensive ……集中的な
(C) varied ……さまざまな
(D) remaining ……残っている

 remain

remain は自動詞で「〜のままである」なので、remaining で「残っている」という形容詞として使います。元が自動詞なので remained とならないことに注意しましょう。

remain to be done で「まだ〜されないままだ」という用法もあります。

なお、名詞の **remains**（通例、複数）は「残り物」「遺跡」の意味で使います。

DAY
1

DAY
2

DAY

3

DAY
4

DAY
5

DAY
6

DAY
7

DAY
8

Q7

4つの選択肢から最適のものを選んでください。

Folbi Security Systems released a series of
------- videos on its Web site to help customers
with product installation and troubleshooting.

(A) protective

(B) educated

(C) knowledgeable

(D) informative　　　　　　　Ⓐ Ⓑ Ⓒ Ⓓ

単語の意味

□ installation **名**設置
□ troubleshooting **名**トラブル解決

できた …………○　1回目　2回目　3回目
あいまい ………△　□　　□　　□
できなかった …×

Q7 正解 (D) ━━━━━━━━━━━━━━━ 難易度 ★★☆

問題パターン 形容詞の選択

ステップ1

空所の位置は a series of ------ videos で、「一連の〜動画」ですが、ここからだけでは絞りきれないので文意を確かめます。

ステップ2

to 以下の「製品の設置とトラブル解決で顧客を助けるために」に注目しましょう。

ステップ3

「製品の設置とトラブル解決で顧客を助ける」ことが動画の目的なので、それがどんな動画か考えると、**(D) informative（情報が役立つ）が最適です。**
(A) protective（保護する）はここで使っても意味をなしません。(B) educated（教育を受けた）と (C) knowledgeable（精通した；博識な）は人を修飾する形容詞なので、videos の前では使えません。

問題・選択肢

フォルビ・セキュリティー・システムズは、製品の設置とトラブル解決で顧客を助けるために、ウェブ上で一連の役立つ動画を公開した。

(A) protective ……保護する
(B) educated ……教育を受けた
(C) knowledgeable ……精通した；博識な
(D) informative ……情報が役立つ

 informative

informative は information（情報）の形容詞形で「(情報が) 役立つ」という意味で、この問題の動画のほか、本や講義、セミナーなどの形容に使います。instructive が類語です。

形容詞を選択する際に、その形容詞が人を修飾するかモノを修飾するか見極めなければならないことがあります。この問題の knowledgeable や educated は人しか修飾できない形容詞です。まぎらわしいものに efficient や capable、organized、productive などがあり、これらはモノも人も修飾できます。

Q8

4つの選択肢から最適のものを選んでください。

According to the rental contract, tenants must notify the owner at least one month ------- to moving out.

(A) prior

(B) next

(C) preferable

(D) comparable

Ⓐ Ⓑ Ⓒ Ⓓ

単語の意味

☐ notify 他 通告する
☐ move out 引っ越しをする；退去する

	できた ………… ○	1回目	2回目	3回目
	あいまい ……… △			
	できなかった … ×			

Q8 正解 (A) ─────────────── 難易度 ★☆☆

問題パターン 形容詞の選択

ステップ1

空所の位置は at least one month ------ to moving out です。空所の前は「少なくとも1カ月」という期間、空所の後は「引っ越し」です。

ステップ2

前半の文意は「賃貸契約によれば、テナントは家主に通告しなければならない」なので、退去通告のタイミングを述べる文だとわかります。

ステップ3

(A) prior を選べば「引っ越しの少なくとも1カ月前に」となり、文意が通ります。

(B) next は next to で「～の隣の」という意味で、空間や順位を表すのに使います。(C) preferable は「好ましい」、(D) comparable は「匹敵する」で、いずれも時間関係を表すのには使えません。これらの選択肢は to と結びつくので、ひっかけを狙ったものです。

問題・選択肢

賃貸契約によれば、テナントは引っ越しの少なくとも1カ月前に家主に通告しなければならない。

(A) prior (to) ……前に［の］
(B) next (to) ……隣の
(C) preferable ……好ましい
(D) comparable ……匹敵する

 prior

prior は「前の；先の」という意味の形容詞で、**prior to**（～の前に；～に先だって）という形でよく使います。単独でも使えます。

prior notice（事前の告知）、prior work experience（それまでの業務経験）
類語に former、previous、preceding などがあります。

4つの選択肢から最適のものを選んでください。

The Cascadia Documentary Festival offers an
------- selection of non-fiction films made by
directors from all over the world.

(A) immediate

(B) optimistic

(C) applicable

(D) extensive

Ⓐ Ⓑ Ⓒ Ⓓ

Q9 正解 (D) ――――――――――――――― 難易度 ★★☆

問題パターン 形容詞の選択

ステップ1

空所の位置は an ------ selection of non-fiction films にあり、selection（選ばれたもの→セレクション）を修飾しています。

ステップ2

このセレクションは、「カスカディア・ドキュメンタリー・フェスティバルが提供する」もので、また「世界中の監督が制作した」ものでもあります。

ステップ3

selection との相性と文意から、**(D) extensive**（幅広い）に絞り込めます。

他の選択肢は selection との組み合わせも不自然で、また全体の文意にも合いません。

問題・選択肢

カスカディア・ドキュメンタリー・フェスティバルは、世界中の監督が制作した幅広いセレクションのノンフィクション映画を提供する。

(A) immediate ……即座の
(B) optimistic ……楽天的な
(C) applicable ……応用できる；ふさわしい
(D) extensive ……幅広い

 extensive

extensive は動詞 extend（広げる）の形容詞形で「（範囲などが）幅広い」「（被害・影響などが）大規模な」「（場所が）広い」の意味で使います。

extensive damage（大規模な被害） an extensive park（広い公園）

反意語の intensive は「集中的な」「集約的な」の意味で、こちらもTOEICの重要単語です。a two-week intensive course（2週間の集中コース）

Q10

4つの選択肢から最適のものを選んでください。

The International Medical Tech Expo is the perfect occasion for exhibitors to promote their products to ------- customers.

(A) respective

(B) temporary

(C) valid

(D) prospective

Ⓐ Ⓑ Ⓒ Ⓓ

単語の意味

☐ occasion　名機会
☐ exhibitor　名出展者；展示会社

	できた ………… ○	1回目	2回目	3回目
	あいまい ……… △			
	できなかった … ×			

Q10 正解 (D) ─────────── 難易度 ★★☆

ステップ1

空所は customers の直前にあります。空所には「顧客」を修飾するのに適当な形容詞が入ることになります。

ステップ2

全体の文意は「国際医療技術エキスポは、展示会社が〜顧客に製品を売り込む最適の機会である」です。

ステップ3

「エキスポがどんな顧客に対して売り込む最適の機会を提供するのか」を考えると、(D) を選んで prospective customers（見込み客）とすれば、意味が通ります。
(A) respective（それぞれの）、(B) temporary（一時的な）、(C) valid（有効な）は空所に入る必然性がありません。

問題・選択肢

国際医療技術エキスポは、展示会社が見込み客に製品を売り込む最適の機会である。

(A) respective ……それぞれの
(B) temporary ……一時的な
(C) valid ……有効な
(D) prospective ……見込みのある；有望な

 prospective

prospective は名詞 prospect（見込み；可能性）の形容詞形で、「見込みのある；有望な；予測できる」の意味で使います。prospective customers（見込み客）は頻出のコロケーションです。prospective changes なら「予測できる変化」となります。

potential、possible、probable などが類語です。

DAY 1
DAY 2
DAY 3
DAY 4
DAY 5
DAY 6
DAY 7
DAY 8

Q11

⏱目標タイム **25**秒

4つの選択肢から最適のものを選んでください。

If payment is not made by the -------, you will be charged interest every month until the balance is paid.

(A) method

(B) amount

(C) invoice

(D) deadline

Ⓐ Ⓑ Ⓒ Ⓓ

単語の意味

☐ interest 名金利
☐ balance 名残額

Q11 正解 (D) ─────────── 難易度 ★☆☆

問題パターン 名詞の選択

ステップ1

空所は前半の if 節にあり、If payment is not made by the -------, となっています。

ステップ2

空所の前にある前置詞の by にも着目して、これが「〜までに」なのか「〜によって」なのかも併せて考えます。

ステップ3

主節の意味は「残額が支払われるまで毎月、金利が請求されます」なので、空所に (D) deadline（期限）を入れると、「期限までに支払いが行われない場合には」となり文意が通ります。
(A) method（方法）だと「その方法によって」となりますが、方法が何かわからず、また主節ともつながりません。(B) amount（金額）や (C) invoice（請求書）は payment から想起させるひっかけの選択肢で by と一緒に使ってもおかしく、全体の文意にも合いません。

問題・選択肢

期限までに支払いが行われない場合には、残額が支払われるまで毎月、金利が請求されます。

(A) method ……方法
(B) amount ……金額
(C) invoice ……請求書
(D) deadline ……期限

 deadline ....

deadline は「締め切り；納期」の意味で仕事には欠かせない言葉です。meet the deadline（締め切りに間に合う）、miss the deadline（締め切りに間に合わない）というコロケーションもよく使うので覚えておきましょう。
類語に finishing date、due date があります。

Q12

4つの選択肢から最適のものを選んでください。

Clover Airlines' excellent ------- among travelers is due to the quality of its customer service and the reliability of its flights.

(A) opinion

(B) consistency

(C) reputation

(D) knowledge　　　　　　　Ⓐ Ⓑ Ⓒ Ⓓ

単語の意味

□ due to　〜のため
□ reliability　图信頼性

	できた…………○	1回目	2回目	3回目
	あいまい………△			
	できなかった…×			

Q12 正解 (C) ───────────────── 難易度 ★★☆

(問題パターン) 名詞の選択

ステップ1

空所は主語の中にあり、Clover Airlines' excellent ------- among travelers となっています。

ステップ2

ここからだけでは絞りにくいので、全体を見ると「クローバー航空の旅行客の間での優れた〜は、その顧客サービスの質と飛行の信頼性によるものである」という文脈です。

ステップ3

「顧客サービスの質と飛行の信頼性」が理由で生じるものは **excellent reputation（優れた<u>評判</u>）** と考えられます。よって、**(C)** が正解です。

他の選択肢はいずれも、excellent との組み合わせは満たしますが、文全体には合いません。

(問題・選択肢)

クローバー航空の旅行客の間での優れた<u>評判</u>は、その顧客サービスの質と飛行の信頼性によるものである。

(A) opinion ……意見
(B) consistency ……一貫性
(C) reputation ……評判
(D) knowledge ……知識

reputation

reputation は「評判；名声」の意味でTOEICによく出ます。動詞と組み合わせて、earn [gain] a <u>reputation</u>（名声を得る）、establish [develop] a <u>reputation</u>（名声を確立する）、destroy [ruin] a <u>reputation</u>（評判を落とす）のように使います。

類語に repute があります。

Q13

4つの選択肢から最適のものを選んでください。

In ------- of Ms. Farina's work on the Hamilton account, the company presented her with the Employee of the Year award.

(A) demonstration

(B) referral

(C) ceremony

(D) appreciation　　　ⒶⒷⒸⒹ

単語の意味

□ present 他授与する

できた…………○　1回目　2回目　3回目
あいまい………△
できなかった…×

Q13 正解 (D) ———————————— 難易度 ★★☆

問題パターン 名詞の選択

ステップ1
空所の位置は In ------- of Ms. Farina's work on the Hamilton account, で、この部分の意味は「ハミルトン社に対するファリナさんの仕事ぶりを〜」です。なお、ここの account は「顧客；得意先」の意味で、Hamilton は社名（または人名）です。

ステップ2
In ------- of で定型表現になりそうなことも考えながら、主文の意味を考えます。

ステップ3
その主文は「会社は彼女に年間社員賞を授与した」なので、ここから (D) appreciation（評価）が適切だとわかります。in appreciation of で「〜を評価して」の意味のイディオムです。
(A) demonstration は「（商品などの）実演」、(B) referral は「（人や顧客などの）紹介」、(C) ceremony は「式典」の意味で、文意に合わず、また〈in 〜 of〉の形の定型表現もつくりません。

問題・選択肢
ハミルトン社に対するファリナさんの仕事ぶりを評価して、会社は彼女に年間社員賞を授与した。

(A) demonstration ……実演
(B) referral ……紹介
(C) ceremony ……式典
(D) appreciation ……評価

 appreciation ......

appreciation は動詞 appreciate（評価する；感謝する）の名詞形で「評価；感謝」の意味です。express [show] one's appreciation で「感謝の意を表明する」、as a token of one's appreciation で「感謝のしるしとして」の意味の表現です。形容詞形に appreciative があり、be appreciative of A（A に感謝している）の形で使います。

Q14

4つの選択肢から最適のものを選んでください。

Ms. Nilsson has helped clients in a wide range of fields with her expert ------- on business management.

(A) subjects

(B) insights

(C) terms

(D) assets

Ⓐ Ⓑ Ⓒ Ⓓ

できた …………○　1回目　2回目　3回目
あいまい ………△　☐　☐　☐
できなかった …×

103

Q14 正解 (B) ———————————— 難易度 ★★☆

問題パターン 名詞の選択

ステップ1

空所は with 以下にあり、with her expert ------- on business management となっています。expert（専門家）との組み合わせをまず考えますが、絞りきれないので全体の文意を見ます。

ステップ2

文意は「ニルソンさんは、会社経営についての彼女の専門家としての〜で、非常に幅広い分野の顧客を支援してきた」です。

ステップ3

(B) insights を選べば「会社経営についての彼女の専門家としての見識」となり、適切な文が成立します。

(A) subjects（主題）や (C) terms（条件）では全体の文意に合いません。(D) assets（資産）は人の有益な資質も表せますが、具体的な能力を表現できないので on business management につながりません。She is an asset to the company.（彼女は会社にとって貴重な人材だ）のように使います。

問題・選択肢

ニルソンさんは、会社経営についての彼女の専門家としての見識で、非常に幅広い分野の顧客を支援してきた。

(A) subjects ……主題
(B) insights ……見識
(C) terms ……条件
(D) assets ……資産

term

この問題では誤答選択肢でしたが、term は TOEIC 重要語の 1 つです。「用語」「任期」「条件」という意味をもつ多義語です。

technical terms（技術用語）
a term in office（在任期間）
the terms of the contract（契約条件）

DAY 1
DAY 2
DAY 3
DAY 4
DAY 5
DAY 6
DAY 7
DAY 8

Q15

4つの選択肢から最適のものを選んでください。

There has been a growing ------- that CEO Andrew Miller's departure would put the struggling company at great risk.

(A) concern
(B) doubt
(C) emotion
(D) satisfaction

Ⓐ Ⓑ Ⓒ Ⓓ

単語の意味

☐ departure　名 退任
☐ struggling　形 業績不振の

	1回目	2回目	3回目
できた …………○			
あいまい ………△			
できなかった …×			

Q15　正解 (A) ━━━━━━━━━━━━━━━ 難易度 ★★☆

問題パターン 名詞の選択

ステップ1

選択肢にはさまざまな思い・感情を表す名詞が並んでいます。空所は
There has been a growing ------- にあり、ここまでで「増している～が
ある」の意味です。

ステップ2

これに that 以下がかかっていて、その that 以下は「アンドリュー・ミラー
CEOの退任が業績不振の会社を大きな危機にさらすかもしれない」です。

ステップ3

**「業績不振の会社を大きな危機にさらす」という状況にどういう思いを抱く
かを考えれば (A) concern（懸念）が最適です。**
(B) doubt（疑問）や (D) satisfaction（満足）はこの状況に当てはまる
思いではありません。(C) emotion は感情全般を指し、特定の感情を表現
できないので、ここでは不適です。

問題・選択肢

アンドリュー・ミラーCEOの退任が業績不振の会社を大きな危機にさらすかもし
れないという懸念が増している。

(A) concern　……懸念
(B) doubt　……疑問
(C) emotion　……感情
(D) satisfaction　……満足

 concern

concern は名詞・動詞が同形で、名詞として「懸念；心配」「関心事」、動
詞として「心配させる」「関与する」の意味で使います。
　過去分詞形の concerned は「心配・懸念して」「関心をもって」という意
味の形容詞として使います。
　be concerned about [to do]（～に [～することに] 懸念 [関心] をもつ）
　現在分詞形の concerning は「～に関して」という意味の前置詞です。
　the complaints concerning the product（その製品についてのクレーム）

DAY 4

単語問題

接続詞・前置詞・副詞

15問

‥‥‥接続詞・前置詞・副詞の「単語問題」の攻略法‥‥‥

問題形式

　同じ品詞で構成される選択肢もありますが、多くの場合、接続詞・前置詞は混在して選択肢に出てきます。また、これに副詞が加わることもあります。

解き方

　接続詞・前置詞はその区別が大切です。空所の次が〈S V〉がある文になっていれば接続詞、名詞の要素が続いているなら前置詞が正解になります。副詞には文と文の接続機能はなく、動詞など他の言葉を修飾したり、文全体を修飾したりします。

あなたにピッタリの
参考書が見つかる

TOEIC®
対策本のご案内

新形式
TOEIC® L&R テスト
完全対応

Jリサーチ出版

価格はすべて税抜き。　　　　　　　　　2020 年 3 月 1 日現在

驚異の定着力！

イラストで覚える
TOEIC® L&R TEST
英単語1000

鶴岡公幸　Matthew Wilson　佐藤千春

音声DL付

TOEIC is a registered trademark of Educational Testing Service (ETS). The publication is not endorsed or approved by ETS. * L & R means LISTENING AND READING.

※カバーは仮のもので、変更される可能性があります。

音声DL

イラストで覚える TOEIC L&R TEST 英単語1000

鶴岡公幸, Matthew Wilson 共著
佐藤千春 編集協力／新書版／1000円

オールカラーでイラストがたくさん盛り込まれた、初級者向けの新しい TOEIC 単語集！　カラフルな悪魔のアイコンが登場したりと、英語が苦手な学習者でも楽しく単語を覚えることができます。
一般的な単語集と違い、本書はオフィス・レストラン・学校など、TOEIC 頻出の場面別に構成することでシチュエーションがイメージしやすくなっています。

こんな方にオススメ
・写真を見て物事を覚えるのが得意な方へ
・勉強のやる気が出ない方へ

特長

❶ TOEIC500 〜 600 レベルに必須の1000 語を厳選
❷ TOEIC 単語集としては珍しいオールカラー。 カラフルなアイコンも登場するので楽しく覚えられる
❸ オフィス、レストラン、学校…TOEIC 頻出のシチュエーション別の構成なので、場面をイメージしやすく定着しやすい
❹ シチュエーションごとのかわいいイラストが、語彙力アップをサポート
❺ どこでも持ち運びできて、いつでも取り出せる新書サイズ

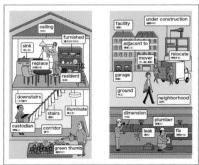

●家に関する単語　　●建設に関する単語

TOEIC TARGETシリーズ

TOEIC® L&R TEST英文法 TARGET 600, 730, 900

成重寿 著／四六判／1200円（600,730）

600の内容

TOEIC L&R TEST の Part 5 を8日間という短期間で完全マスターできる1冊。問題の解説は「解くプロセス」を意識して3つのステップで展開しているので、ビギナーにもわかりやすい。直前対策にもぴったりである。

730の内容

TOEIC L&R TEST で730点を獲得するには Part 5 で8割の正解が求められる。そのためには速く正確に解かなければならない。本書は730点クリアに不可欠な速解力を最短8日間で徹底強化する1冊だ。文法や語法、単語の狙われやすい急所をピンポイントで紹介した、ミニコラム「QUICK CHECK」つき。

900の内容

※ 900については今夏ごろに刊行予定です。

目次

DAY 1	品詞の識別 (15 問)
DAY 2	動詞の形 (15 問)
DAY 3	単語問題①動詞・形容詞・名詞 (15 問)
DAY 4	単語問題②接続詞・前置詞・副詞(15 問)
DAY 5	その他問題　代名詞・関係詞・比較・イディオム (15 問)
DAY 6-8	実戦練習 No.1-3 (30 問× 3)

TOEIC®TEST英単語・熟語 TARGET 600, 900

1000円　　　1200円

成重寿, ビッキー・グラス 共著／四六判

TOEIC 頻出の単・熟語を Part 5 の問題スタイルで強化。600 は 400→500→600点レベルの3部構成、計180問で720語を覚える。900 は 700→800→900点レベルの3部、合計 240 問で960語をマスターできる。

TOEIC®TEST英語勉強法 TARGET 600, 900

1000円　　　1200円

土屋雅稔 著／四六判

スコアアップに必要なのは勉強の"質"。1～3カ月で急速に得点力が伸びる勉強法をレベル別に紹介。

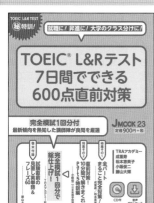

TOEIC® L&Rテスト 7日間でできる 600点直前対策

成重寿, 松本恵美子, TRA
アカデミー, 小阪俊二, 藤山
大輝 共著／B5判／900円

TOEIC L&R TEST 初級者向けの直前
対策書。はじめて TOEIC を受験する
学習者でも、1週間で600点が目指せ
るレベルに到達することが目標の1冊
です。基礎から総仕上げまでを1冊で
網羅しているので、初級者の直前対策
はこの1冊で完璧。中級者の復習とし
ても効果的です。

特長

1. 7日間で600点を取るための対策がばっちりできる
2. 全パート解説+解説つきの完全模試1回分を収録！
3. TOEIC特訓塾「TRAアカデミー」の講師陣が良問を厳選
4. 試験直前に使える「part5特訓編」と「見直し英単語＆フレーズ60」つき！
5. 購入者特典で英文法スペシャルドリル・単語カード・リーディングセクション音声つき！

● 完全模試にはTOEIC満点講師陣の
わかりやすい解説入り！

● 全PARTの対策解説は
全ページカラー仕様！

完全模試 解答と解説

Part1の解き方 解説

Q1

4つの選択肢から最適のものを選んでください。

If you are registered on kps.com you can refill your prescriptions online, ------- shipping is free.

(A) so that

(B) and

(C) then

(D) moreover

Ⓐ Ⓑ Ⓒ Ⓓ

単語の意味

□ prescription 名処方箋

できた …………○	1回目	2回目	3回目
あいまい ………△			
できなかった …×			

Q1 正解 (B) ──────────── 難易度 ★★☆

問題パターン 等位接続詞 and

ステップ1

選択肢には接続詞と副詞が混在しています。空所は、いったん前半の文がカンマで切れて、その後の文の冒頭にあります。

ステップ2

カンマまでは「kps.com に登録していたら、オンラインで薬の再処方ができる」、カンマの後は「配送費は無料です」という文意です。

ステップ3

前後半では主語が you と shipping でそれぞれ違うので、後半は独立した内容と考えられます。(B) and を入れれば「そして配送費は無料です」とうまくつながります。

(A) so that では空所以降に目的や結果の従属節をつくることになり、前半とつじつまが合わなくなります。(C) then は文法的には可能ですが、順序や因果関係を示す言葉なので、文脈に合いません。(D) moreover は連結機能がなく、カンマで区切って、その直後に使うことはできません。and moreover とすればOKです。

問題・選択肢

kps.com に登録していたら、オンラインで薬の再処方ができ、そして配送費は無料です。

(A) so that ……接続詞（〜のために；その結果〜）
(B) and ……接続詞（そして）
(C) then ……副詞（それから）
(D) moreover ……副詞（さらに）

 等位接続詞 and

　等位接続詞の and は2つ（以上の）語句や文を対等の関係でつなぐ用法のほか、次のような用法に注意が必要です。

　Hurry up, and you can catch the train.（急げば、電車に間に合うよ）[**結果**]
　Come and see me.（会いに来てね）[**目的**]
　He promised to come and didn't.（彼は来ると約束したが、来なかった）[**対比**]
　whiskey and soda（ウイスキーのソーダ割り）[**二者一体**]

Q2

目標タイム **25**秒

4つの選択肢から最適のものを選んでください。

------- remaining budgets are limited, the director plans to run several nationwide campaigns in the last quarter of the year.

(A) Even though

(B) Unless

(C) Now that

(D) If

Ⓐ Ⓑ Ⓒ Ⓓ

DAY
1

DAY
2

DAY
3

DAY
4

DAY
5

DAY
6

DAY
7

DAY
8

単語の意味

□ limited 形限られている

	できた …………○	1回目	2回目	3回目
	あいまい ………△	□	□	□
	できなかった …×			

III

Q2 正解 (A) ——————————————————— 難易度 ★★☆

問題パターン 逆接の従位接続詞

ステップ1

選択肢には接続詞が並びます。すべて従位接続詞なので、従節と主節の関係を調べます。

ステップ2

カンマまでの従節は「残っている予算は限られている」、主節は「取締役は今年の最終四半期にいくつかの全国キャンペーンを実施することを計画している」。

ステップ3

従節と主節で逆のことを述べているので、逆接の意味をもつ (A) Even though（〜であるが）が正解になります。
(B) Unless は「〜でないなら」という否定の条件、(C) Now that は「今や〜なので」という現状を踏まえた理由、(D) If は「もし〜なら」という仮定をそれぞれ表し、この文脈には合いません。

問題・選択肢

残っている予算は限られている<u>が</u>、取締役は今年の最終四半期にいくつかの全国キャンペーンを実施することを計画している。

(A) Even though ……接続詞（〜であるが）
(B) Unless ……接続詞（〜でないなら）
(C) Now that ……接続詞（今や〜なので）
(D) If ……接続詞（もし〜なら）

 従位接続詞と接続副詞 ....

逆接・対比の従位接続詞は、同じく逆接・対比の接続副詞と混在して出題されることが多いです。しっかり区別することが大切です。
（接続詞）文を従えて、従節をつくる
　　though/although（〜だけれども）　while/whereas（〜の一方）
　　even if [though]（〜であるが；たとえ〜でも）
（接続副詞）接続機能がないので、従節をつくれない
　　however（しかしながら）　　nevertheless/nonetheless（にもかかわらず）
　　even so（それにもかかわらず）　still（それでも）

DAY 1
DAY 2
DAY 3
DAY 4
DAY 5
DAY 6
DAY 7
DAY 8

Q3

4つの選択肢から最適のものを選んでください。

------- the renovations are finished, the capacity of the renovated hotel will increase to 250 guests.

(A) So far

(B) Once

(C) Following

(D) While　　　　　　　Ⓐ Ⓑ Ⓒ Ⓓ

単語の意味

□ renovation　图改修
□ capacity　图収容人数

できた…………○　1回目　2回目　3回目
あいまい………△　□　　　□　　　□
できなかった…×

Q3 正解 (B) ──────────────────── 難易度 ★☆☆

問題パターン 時を表す従位接続詞

ステップ1

選択肢には副詞、接続詞、前置詞が混在しています。空所の位置は ------- the renovations are finished, で、〈S V〉のある文が続いているので、空所に入るのは接続詞です。まず副詞の (A) So far（これまでのところ）と前置詞の (C) Following（～に続いて）を外せます。

ステップ2

文意はカンマまでの前半が「改修が完了する」、カンマの後の後半が「改修されたホテルの収容人数は250の宿泊客まで増加する」。

ステップ3

「時の一時点」を表す接続詞が必要なので、(B) Once（ひとたび～すれば）が正解となります。

(D) While は「～している間」と「一定の長さの時間」を表し、「改修が完了する」という一時点の動きと合いません。

問題・選択肢

<u>ひとたび改修が完了すれば</u>、改修されたホテルの収容人数は250の宿泊客まで増加する。

(A) So far ……副詞（これまでのところ）
(B) Once ……接続詞（ひとたび～すれば）
(C) Following ……前置詞（～に続いて）
(D) While ……接続詞（～している間）

once

once は副詞としては「一度；かつて」の意味ですが、接続詞としては「ひとたび～すれば」の意味で使い、Part 5 の常連です。

「一時点の行動・動き」を導く接続詞にはほかに、when（～するとき）、before/after（～する前［後］に）、as soon as（～するとすぐに）、the moment（～するとすぐに）などがあります。

Q4

4つの選択肢から最適のものを選んでください。

The main reason that these old cars are so valuable is ------- there only seems to be a handful in the world.

(A) that

(B) so

(C) why

(D) such as

Ⓐ Ⓑ Ⓒ Ⓓ

単語の意味

□ a handful　ほんの少し

	できた …………○	1回目	2回目	3回目
	あいまい ………△	☐	☐	☐
	できなかった …×			

115

Q4 正解 (A) ———————————————— 難易度 ★★★

問題パターン 補語の that 節

ステップ1

選択肢には接続詞と関係副詞が混在しています。この文は The main reason that these old cars are so valuable までが主語、is が述語動詞で、空所以降が続くという構造です。

ステップ2

主語の部分は「これら古い車がそれほど価値がある理由は」なので、is の後で主語の説明がなされると考えます。

ステップ3

そのためには **(A) that を**空所に入れて、「世界に少ししか存在しなさそうだということ」とすれば、主語とつなぐことができます。**that 節が補語になる**わけです。

(B) so（だから）は文と文をつなぎますが、空所に入れると前半の文が is で切れて不完全なままになります。(C) why は、The main reason で「理由」が使われているので、重複して why で理由を表すのは不可です。主語の部分を The main reason why 〜とはできます。(D) such as（〜のような）は例やたとえを導く表現で、such の前は名詞でないといけません。

問題・選択肢

これら古い車がそれほど価値がある理由は、世界に少ししか存在しなさそうだいうことである。

(A) that ……接続詞（〜ということ）
(B) so ……接続詞（だから）
(C) why ……関係副詞（〜する理由）
(D) such as ……接続詞（〜のような）

 接続詞 that

接続詞の that はこの問題のように補語の節を導くことができますが、他にもさまざまな用法があります。

assure that 〜（〜を保証する）[動詞の目的語]
the fact that 〜（〜という事実）[同格]
except that 〜（〜ということを除いて）[前置詞に続く]

Q5

⏱目標タイム **25**秒

DAY
1

DAY
2

DAY
3

DAY
4

DAY
5

DAY
6

DAY
7

DAY
8

4つの選択肢から最適のものを選んでください。

Addison Pharmaceuticals' new drug, Calimex, will not meet its original sales projections for the year ------- there is a dramatic improvement in the fourth quarter.

(A) unless

(B) if

(C) once

(D) without

Ⓐ Ⓑ Ⓒ Ⓓ

単語の意味

☐ projection 名目標
☐ improvement 名改善

できた …………○
あいまい ………△
できなかった …×

1回目	2回目	3回目

Q5 正解 (A) ──────────────── 難易度 ★★☆

問題パターン 否定の条件の接続詞 unless

ステップ1

選択肢には接続詞と前置詞が混在しています。空所の位置は ------ there is a dramatic improvement in the fourth quarter で、空所には文が続いています。前置詞は入る余地がないので、まず (D) without を外せます。

ステップ2

次に意味を考えると、空所の前の前半は「アディソン製薬の新薬であるカリメックスは、今年の当初の売り上げ目標には達しない」、空所の後は「第4四半期に劇的な改善がある」。

ステップ3

前半の主節が未来のことを述べているので、条件を表す接続詞が必要ですが、前後は矛盾した内容です。つまり、「否定の条件」を表す接続詞が必要になるので、(A) unless（〜でないなら）が正解になります。
ふつうの条件では、前後をうまくつなげないので (B) if（もし〜なら）は誤りです。(C) once は「ひとたび〜したら」で肯定の条件を表し、これも前後をうまくつなげません。

問題・選択肢

アディソン製薬の新薬であるカリメックスは、第4四半期に劇的な改善が<u>なければ</u>、今年の当初の売り上げ目標には達しない。

(A) unless ……接続詞（〜でないなら）
(B) if ……接続詞（もし〜なら）
(C) once ……接続詞（ひとたび〜したら）
(D) without ……前置詞（〜なしで）

 if と unless

　if（もし〜なら）と unless（もし〜でないなら）は if not = unless の関係で、unless は否定の条件を表します。同時に選択肢に出るときには、真逆の意味になるので、文脈から判断して適切なほうを選びましょう。
　ただし、if と unless では用法に違いがあります。if は仮定法（過去・過去完了）でも使いますが、unless は仮定法には使えません。あくまで条件を示す接続詞です。

⏱ 目標タイム **25** 秒

4つの選択肢から最適のものを選んでください。

------- the past fifty years, Pearson Department Store has operated in the city and hired thousands of local people.

(A) Among

(B) Over

(C) Under

(D) Across

Ⓐ Ⓑ Ⓒ Ⓓ

単語の意味

□ operate ⽬営業する；活動する

できた …………○　1回目　2回目　3回目
あいまい ………△
できなかった …×

Q6 正解 (B) ──────────────── 難易度 ★☆☆

問題パターン 期間を表す over

ステップ1

選択肢にはさまざまな前置詞が並んでいます。空所の位置は ------ the past fifty years, で、「過去50年〜」となっています。

ステップ2

この文は現在完了形で、「ピアソン・デパートはこの市で営業し、数千人の地元の人々を雇用してきた」と、現在までの継続的な活動を表現しています。

ステップ3

(B) Over を選べば「過去50年にわたって」となって、継続的な期間を表し、現在完了という時制に合います。
(A) Among や (D) Across は空間を表す言葉を導き、時間の表現には使いません。(C) Under の次に数値が来るときは、「〜未満」の意味です。

問題・選択肢

過去50年間にわたって、ピアソン・デパートはこの市で営業し、数千人の地元の人々を雇用してきた。

(A) Among ……前置詞（〜の間）
(B) Over ……前置詞（〜にわたって）
(C) Under ……前置詞（〜未満；〜の下に）
(D) Across ……前置詞（〜を横切って；〜にまたがって）

 over

over は前置詞として空間的に「〜の上に」、程度として「〜を超えて」ではよく知られていますが、この問題のように時間的に「〜にわたって」の意味でも使います。時間表現としては完了形と相性がいいので、この関係が問題を解くヒントになります。

なお、over は副詞でもあり、for <u>over</u> ten years（10 年以上の間）のようにも使えます。

4つの選択肢から最適のものを選んでください。

The new working rules allow employees to work ------- home up to two days a week.

(A) to
(B) for
(C) from
(D) through

Ⓐ Ⓑ Ⓒ Ⓓ

DAY 1
DAY 2
DAY 3
DAY 4
DAY 5
DAY 6
DAY 7
DAY 8

		1回目	2回目	3回目
できた	○			
あいまい	△			
できなかった	×			

Q7 正解 (C) ————————————— 難易度 ★★☆

問題パターン 〈動詞＋前置詞〉の定型パターン

ステップ1

選択肢にはさまざまな前置詞が並んでいます。空所の位置は work ------ home で、work と home をつなぐ必要があります。

ステップ2

文意は「新しい労働規則により、社員は週に2日まで家〜勤務ができるようになる」です。work ------ home で「在宅で勤務する」となりそうだと予測できます。

ステップ3

形は決まっていて、work from home で「在宅で勤務する」です。よって、(C) が正解になります。「家から勤務する」→「在宅で勤務する」ということです。

なお、work for 〜なら「（会社など）で働く」の意味です。

問題・選択肢

新しい労働規則により、社員は週に2日まで在宅で勤務できる。

(A) to ……前置詞（〜に）
(B) for ……前置詞（〜のために）
(C) from ……前置詞（〜から；〜で）
(D) through ……前置詞（〜を通して）

 動詞＋前置詞のパターン

「在宅勤務をする」の work from home は「動詞＋前置詞」の組み合わせが少し意外ですが、他にも注意したい例があります。

order from A（Aに発注する）　　refrain from A（Aを控える）
approve of A（Aを承認する）　　coincide with A（Aと一致する）
abide by A（Aを遵守する）

DAY
1

DAY
2

DAY
3

DAY
4

DAY
5

DAY
6

DAY
7

DAY
8

Q8

⏱目標タイム **25**秒

4つの選択肢から最適のものを選んでください。

Plastic waste in the city has decreased -------
the projected amount for the past five years.

(A) for

(B) by

(C) in

(D) with Ⓐ Ⓑ Ⓒ Ⓓ

単語の意味

□ waste 名 廃棄物
□ project 他 計画する

	できた…………○	1回目	2回目	3回目
	あいまい………△			
	できなかった…×			

Q8 正解 (B) ———————————————— 難易度 ★★☆

問題パターン 変化量を導く by

ステップ1

選択肢にはさまざまな前置詞が並んでいます。空所の位置は has decreased ------ the projected amount です。

ステップ2

ポイントになるのは the projected amount です。「計画された分量」という意味なので、「この分量分が減少した」になると想定できます。

ステップ3

変化量を導く前置詞には by を使います。よって、(B) が正解になります。by の後ろは10%など数値がよくきますが、この問題では代わりに amount が使われていて、少しわかりにくくなっているだけです。

他の前置詞では変化量を表せません。

問題・選択肢

その市のプラスチック廃棄物は過去5年間で、計画された分量<u>分が</u>減少した。

(A) for ……前置詞（〜の間）
(B) by ……前置詞（〜分が）
(C) in ……前置詞（〜において）
(D) with ……前置詞（〜と共に）

 by の用法

前置詞の by の注意したい用法をまとめておきましょう。
increase <u>by</u> 10%（10％増加する）［変化量］
finish the duty <u>by</u> Friday（金曜までにその仕事を終える）［期限］
pay <u>by</u> credit card（クレジットカードで支払う）［手段］
rent the room <u>by</u> the month（月単位で部屋を借りる）［単位］

Q9

4つの選択肢から最適のものを選んでください。

Diners should let their server know ------- any food allergies that they may have.

(A) whereas

(B) and

(C) due to

(D) of

Ⓐ Ⓑ Ⓒ Ⓓ

単語の意味

□ diner 名食事客
□ server 名給仕係

できた …………○　1回目　2回目　3回目
あいまい ………△
できなかった …✕

125

Q9 正解 (D) ——————————————— 難易度 ★★☆

ステップ1

選択肢には接続詞と前置詞が混在しています。空所の位置は ------- any food allergies that they may have です。that 以下は文になっていますが、空所が関係するのは直後の名詞 any food allergies なので、前置詞を入れないといけません。よって、まず接続詞の (A) whereas（～の一方で；～だけれども）と (B) and（そして；～と～）を外せます。

ステップ2

意味を見ると、空所までの前半は「食事客は給仕係に知らせておくべきだ」、空所の後は「もっているかもしれないどんな食品アレルギー」。給仕係に知らせておくべきものが食品アレルギーなので、空所には「話の内容」を導く前置詞が必要です。

ステップ3

(D) of は「～について」の意味があり、話の内容を導けます。これが正解。
(C) due to は「～のために」と「原因・理由」を表しますが、空所の前後に因果関係はなく不適です。

問題・選択肢

食事客は、もっているかもしれないどんな食品アレルギーについても給仕係に知らせておくべきだ。

(A) whereas ……接続詞（～の一方で；～だけれども）
(B) and ……接続詞（そして；～と～）
(C) due to ……前置詞（～のために）
(D) of ……前置詞（～について）

 「～について」の of

of は動詞や形容詞と結びつき、話題や内容を導きます。
inform A of B（A に B について知らせる）
remind A of B（A に B について思い出させる）
be aware of B（B について気づいている）
be sure of B（B について確信している）

4つの選択肢から最適のものを選んでください。

Any electric appliances and devices
purchased on Electrodepot Online will be
delivered ------ four business days.

 (A) until

 (B) between

 (C) by

 (D) within   Ⓐ Ⓑ Ⓒ Ⓓ

単語の意味

☐ electric appliance　家電製品

できた …………○　1回目　2回目　3回目
あいまい ………△
できなかった …×

127

Q10 正解 (D) ———————————————— 難易度 ★☆☆

問題パターン 範囲を示す within

ステップ1

選択肢には前置詞（接続詞を兼ねるものも）が並びます。空所の位置は ------ four business days で、日数が続きます。

ステップ2

空所の前までは「エレクトロデポ・オンラインで購入した家電製品や機器はどれでも配送される」なので、four business days は「配送にかかる日数」と考えられます。

ステップ3

範囲を表す (D) within を入れれば「4営業日以内に」と配送にかかる上限の日数を示すことができます。

継続の (A) until（～までずっと）や期日の (C) by（～までに）は後に終点となる一時点の言葉がこないといけません。(B) between の後には2つのものが来て、「2つのものの間に」となります。多くの場合、〈between A and B〉の形をとります。

問題・選択肢

エレクトロデポ・オンラインで購入した家電製品や機器はどれでも4営業日以内に配送される。

(A) until ……前置詞・接続詞（～までずっと）
(B) between ……前置詞（～の間に）
(C) by ……前置詞（～までに）
(D) within ……前置詞（～以内に）

within

within は時間・距離の範囲を表す用法でよく出題されます。
within one year of the release（発売から1年以内に）
within five minutes of the station（駅から5分以内で）

DAY 1
DAY 2
DAY 3
DAY 4
DAY 5
DAY 6
DAY 7
DAY 8

Q11

⏱ 目標タイム **25**秒

4つの選択肢から最適のものを選んでください。

The city's port facilities are large and modern
------- to import components and export
finished products smoothly.

(A) well

(B) enough

(C) necessarily

(D) in order

Ⓐ Ⓑ Ⓒ Ⓓ

単語の意味

□ component 名部品

	できた…………○	1回目	2回目	3回目
	あいまい………△			
	できなかった…×			

Q11　正解 (B) ———————————————————— 難易度 ★☆☆

ステップ1

選択肢にはさまざまな副詞が並んでいます。空所の位置は are large and modern ------ to ～で、 2つの形容詞の後で、to 不定詞が続いています。

ステップ2

空所に入る副詞は to 不定詞を受けて、前の形容詞にかかるものでないといけません。

ステップ3

この機能をもつものは (B) enough のみなので、これを選びます。〈形容詞 enough to do〉の形を覚えておきましょう。

(A) well や (C) necessarily にはこの用法がありません。また、necessarily は「必ず；やむをえず」なので意味的にも不可です。(D) in order は in order to (～するために) を想起させるひっかけの選択肢で、目的を表すので、その前は目的を達成する行為でないといけません。

問題・選択肢

その市の港湾施設は、円滑に部品を輸入して、完成品を輸出するのに<u>十分なほど</u>大きく、現代的だ。

(A) well　……よく
(B) enough　……十分に
(C) necessarily　……必ず
(D) in order (to)　……～するために

 enough

　副詞の enough の特徴は形容詞・動詞・副詞を後ろから修飾することです。

　I was happy <u>enough</u> in this small village. (私はこの小さな村で十分幸福だった)

　また、〈enough to do〉〈enough that ～〉のように不定詞や that 節を続けて、十分である内容を説明することができます。

　She is old <u>enough</u> to drive. (彼女は車を運転するのに十分な年齢だ)

　The café is large <u>enough</u> that we can have a party.
　(そのカフェは私たちがパーティーを開くのに十分なほど大きい)

Q12

4つの選択肢から最適のものを選んでください。

------- thirty thousand people including the general public attended the trade show during its four-day run.

(A) Popularly

(B) Simultaneously

(C) Moreover

(D) Roughly

Ⓐ Ⓑ Ⓒ Ⓓ

単語の意味

□ run 名開催

	1回目	2回目	3回目
できた …………○ あいまい ………△ できなかった …×	☐	☐	☐

Q12 正解 (D) ———————————— 難易度 ★★☆

ステップ1

空所は文頭にあるので、空所に入る副詞は文全体を修飾するか直後の数字を修飾するかだと想定します。

ステップ2

文意は「〜一般入場者も含めて３万人の人々が、４日間開催のうちに貿易見本市に出席した」です。文全体を修飾する副詞は (B) と (C) ですが、(B) Simultaneously（同時に）はこの文で使っても何と同時なのかがわかりません。(C) Moreover（さらに）は前文に内容を付加するときに用いるので、前文のないここでは使えません。

ステップ3

(D) Roughly は「およそ；約」の意味の数値をぼかす副詞で、直後の three thousands にかかります。「およそ３万人（の人々）」となり、これが正解です。

(A) Popularly は「一般には；広く」の意味で多くの人々の共通した行動を表し、通例、過去分詞の前で使います。例えば、be popularly believed 〜（一般的には〜と信じられている）。数値を修飾することはできません。

問題・選択肢

一般入場者も含めて<u>およそ</u>３万人の人々が、４日間開催のうちに貿易見本市に出席した。

(A) Popularly ……一般には
(B) Simultaneously ……同時に
(C) Moreover ……さらに
(D) Roughly ……およそ

 roughly/approximately

roughly は数値を曖昧にする役割でよく使います。同じ意味で TOEIC に頻出するのが approximately です。about も同様に使えます。まとめて覚えておきましょう。

反意語は exactly/precisely（正確に）です。

DAY 1
DAY 2
DAY 3
DAY 4
DAY 5
DAY 6
DAY 7
DAY 8

Q13

⏱ 目標タイム **25**秒

4つの選択肢から最適のものを選んでください。

Reports claim that while Elmer Foods has not ------- made a final decision, it will likely appoint Rudy Montero as its next president.

(A) also

(B) yet

(C) ever

(D) either

Ⓐ Ⓑ Ⓒ Ⓓ

単語の意味

□ claim 他主張する

□ appoint 他指名する

	1回目	2回目	3回目
できた…………○			
あいまい………△			
できなかった…×			

Q13 正解 (B) ——————————————— 難易度 ★★☆

問題パターン 副詞の選択

ステップ1
この問題は少し複雑な文で、that 節の中に2つの文があります。

ステップ2
空所はその前半の文にあり、「エルマー・フーズは〜最終決断はしていない」、後半は「おそらくルディ・モンテロ氏を次期社長に指名するだろう」です。

ステップ3
「ルディ・モンテロ氏の次期社長への指名は決まっていない」という状況なので、**(B) yet**（まだ）を空所に入れれば文意が通じます。
(A) also（〜もまた）は、同様の行為が繰り返される場面で使います。(C) ever（今までで）はすでになされた行為について使います。(D) either は、2つから1つを選択する場面や、前述の否定内容を反復するときに使います。いずれもこの文脈には合いません。

問題・選択肢
エルマー・フーズは<u>まだ</u>最終決断はしていないが、おそらくルディ・モンテロ氏を次期社長に指名するだろうと報道記事は主張する。

(A) also ……〜もまた
(B) yet ……まだ
(C) ever ……今までで
(D) either ……いずれか；〜もまたない

 yet ....

副詞の yet は否定文で使うと not と呼応して「まだ〜ない」の意味ですが、疑問文では「もう」の意味で使います。
Have you finished lunch <u>yet</u>?（もう昼食はすませたの？）
Part 5 で注意したい用法に次のものがあります。
He <u>has yet to</u> be convinced.（彼はまだ納得していない）
yet は接続詞としても使います。TOEIC では次のパターンに要注意です。
a compact <u>yet</u> powerful speaker（コンパクトだが強力なスピーカー）

4つの選択肢から最適のものを選んでください。

Membership in the Medallion Club is -------
available to passengers who have flown at
least 100,000 miles with Kestrel Airlines.

(A) extensively

(B) vitally

(C) exclusively

(D) respectively　　　　　　　　Ⓐ Ⓑ Ⓒ Ⓓ

Q14 正解 (C) ─────────────── 難易度 ★★☆

(問題パターン) 副詞の選択

ステップ1

空所の位置は is ------ available で、空所は available を修飾しています。「どんなふうに利用できる」のかを考えます。

ステップ2

全体の文意は、「メダリオン・クラブの会員資格は、ケストレル航空で10万マイル以上の飛行をした乗客に〜利用できる」です。

ステップ3

会員資格が利用できるのは「10万マイル以上の飛行」という制限があります。この制限があることを考えて、(C) exclusively（限定で；独占的に）で available を修飾させると文意が通ります。

(A) extensively（幅広く）では逆の意味になってしまいます。(B) vitally（きわめて）は意味も合わず、また available（利用できる）との相性もよくありません。(D) respectively（それぞれ）を使うには、この副詞が修飾する別々の対象が必要になりますが、この文にはそれらがありません。

(問題・選択肢)

メダリオン・クラブの会員資格は、ケストレル航空で10万マイル以上の飛行をした乗客に限って利用できる。

(A) extensively ……幅広く
(B) vitally ……きわめて
(C) exclusively ……限定で；独占的に
(D) respectively ……それぞれ

exclusively

exclusively は動詞 exclude（除外する）の副詞形で、「**除外された状態で**」→「限定で」「独占的に」という意味で使います。この問題のように、「選ばれた状態で」というポジティブなニュアンスが入ることもあります。形容詞の exclusive（独占的な；排他的な）も an exclusive club なら「高級クラブ」の意味です。

DAY 1
DAY 2
DAY 3
DAY 4
DAY 5
DAY 6
DAY 7
DAY 8

Q15

4つの選択肢から最適のものを選んでください。

Attendees who did not buy a ticket online
may purchase one on the day of the concert
at the venue's box office -------.

(A) instead

(B) except

(C) nevertheless

(D) separately　　　　　　　　　　Ⓐ Ⓑ Ⓒ Ⓓ

単語の意味

☐ attendee　名出席者
☐ venue　名会場；開催場所

	できた………… ○	1回目	2回目	3回目
	あいまい ……… △			
	できなかった … ×			

137

Q15 正解 (A) ━━━━━━━━━━ 難易度 ★★☆

問題パターン 副詞の選択

ステップ1

選択肢には副詞と前置詞が混在しています。空所は文尾にありますが、前置詞は次に名詞の要素が続いていないと使えません。よって、前置詞の (B) except（〜を除いて）をまず外せます。

ステップ2

文意は「チケットをオンラインで買えなかった出席者は、〜コンサートの当日に会場の切符売り場で購入することができる」です。

ステップ3

(A) instead は「その代わりに」と、前出の事・行為などを打ち消して代わりのものを提示できるので文意に合います。また、文尾でも使えます。
(C) nevertheless は「それにもかかわらず」の意味で、前文を受けて文頭や、カンマで区切って文中で使います。(D) separately は「別々に」の意味で、この空所で使うと「別々に購入できる」となって意味をなしません。

問題・選択肢

チケットをオンラインで買えなかった出席者は、その代わりにコンサートの当日に会場の切符売り場で購入することができる。

(A) instead ……副詞（その代わりに）

(B) except ……前置詞（〜を除いて）

(C) nevertheless ……副詞（それにもかかわらず）

(D) separately ……副詞（別々に）

 instead

instead を単独で使うのは、前出の事・行為などを打ち消して、代わりのものを提示するときです。

If the manager can't attend the reception, I'll go instead.
（もし部長がレセプションに出席できないなら、私が代わりに行きます）

もう1つの重要な用法は instead of の形で使うもので、of 以下の事・行為などを打ち消して、instead of の前で代わりのものを提示します。

I'll attend the reception instead of the manager.
（部長の代わりに私がレセプションに出席します）

DAY 5

文法・単語問題

代名詞・関係詞・比較・イディオム

15問

‥‥‥‥「代名詞・関係詞・比較・イディオム」問題の攻略法‥‥‥‥

問題形式

　代名詞は選択肢に異なった格が並んだり、関係詞と混在したりすることもあります。比較は形容詞・副詞の原級・比較級・最上級が混在して出ます。イディオムは接続詞や前置詞と混在することもあります。

解き方

　代名詞・関係詞・比較ともに、文法の基本知識を駆使すればすべて解けるものです。忘れてしまっている文法項目は、おさらいをしておきましょう。
　イディオムはTOEICには難解なものは出ません。ビジネスでよく使うものを知っていれば十分対応できます。

4つの選択肢から最適のものを選んでください。

Because ------- performance and dedication so far were outstanding, Mei Nakamura was assigned as sales manager.

(A) she

(B) her

(C) herself

(D) these

Ⓐ Ⓑ Ⓒ Ⓓ

単語の意味

☐ dedication 名貢献；献身
☐ outstanding 形抜きんでる
☐ assign 他任命する

	1回目	2回目	3回目
できた …………○ あいまい ………△ できなかった …×			

Q1 正解 (B) ──────────────────── 難易度 ★☆☆

問題パターン 人称代名詞（所有格）

ステップ1

選択肢には人称代名詞のさまざまな形と指示代名詞が混在しています。空所の位置は Because ------- performance and dedication so far were outstanding, で、空所はこの文の主語である performance and dedication を修飾する要素です。主格や再帰代名詞がこの位置にくることはないので、まず (A) she と (C) herself を外せます。

ステップ2

次に performance and dedication がだれのものかを考えると、主節の Mei Nakamura 以外のものではありえません。

ステップ3

Mei Nakamura は女性なので、その所有格である (B) her が正解です。代名詞が固有名詞よりも前にきていますが、従属節が前にくる場合など、英語では代名詞を先行させることが可能です。
指示代名詞の (D) these は何を指すのかが不明で意味をなしません。

問題・選択肢

メイ・ナカムラは、これまでの<u>彼女の</u>実績と貢献が抜きんでていたので、販売部長に任命された。

(A) she ……主格
(B) her ……所有格・目的格
(C) herself ……再帰代名詞
(D) these ……指示代名詞

 人称代名詞と文の要素

人称代名詞の格を選ぶポイントは、空所に入る文の要素を見極めることです。文の要素で対応する格は決まります。
・主語　→　主格・所有代名詞
・目的語　→　目的格・再帰代名詞・所有代名詞
・限定されない名詞の前　→　所有格
・前置詞の直後　→　目的格・再帰代名詞・所有代名詞
・副詞の位置　→　再帰代名詞

4つの選択肢から最適のものを選んでください。

Caspar Meyer usually goes to factories
------- to check the production process of the
products which his team has developed.

(A) he

(B) his

(C) him

(D) himself

Ⓐ Ⓑ Ⓒ Ⓓ

Q2 正解 (D) ──────────────── 難易度 ★☆☆

問題パターン 再帰代名詞

ステップ1
選択肢には人称代名詞 he のさまざまな格が並びます。空所の位置は Caspar Meyer usually goes to factories ------ to check ～です。

ステップ2
この文にはすでに主語 Meyer があるので、主格の (A) he は不要です。空所の次は不定詞なので名詞を限定する所有格の (B) his も不可です。目的格の (C) him は goes to の目的語の factories がすでにあるので使えません。

ステップ3
副詞的に使える再帰代名詞の **(D) himself** を選べば、「**自分自身で工場に足を運ぶ**」と文意が通じます。

問題・選択肢
カスパー・メイヤーは、彼のチームが開発した製品の生産プロセスを確認するために、ふつう<u>自分自身で</u>工場に足を運ぶ。

(A) he ……主格
(B) his ……所有格
(C) him ……目的格
(D) himself ……再帰代名詞

 再帰代名詞

再帰代名詞は、代名詞に -self（複数は -selves）が付いたものです。主語を受けて使い、主に3つの用法があります。

①**目的語になる**：I must change <u>myself</u>. （私は自分を変えなければならない）
目的語なので、動詞の次にきます。
②**強調する**：The device <u>itself</u> was no problem. （機器そのものは問題なかった）
この場合は、副詞的に使います。
③**慣用的な用法**：enjoy oneself（楽しむ）、absent oneself（欠席する）
introduce oneself（自己紹介する）

DAY
1
DAY
2
DAY
3
DAY
4
DAY
5
DAY
6
DAY
7
DAY
8

Q3

4つの選択肢から最適のものを選んでください。

Join ------- on March 17 and 18 for the
Lexington Park clean-up weekend.

(A) you

(B) us

(C) them

(D) ourselves

Ⓐ Ⓑ Ⓒ Ⓓ

できた …………○　1回目　2回目　3回目
あいまい ………△　☐　☐　☐
できなかった …×

145

Q3 正解 (B) ―――――――――――――――――― 難易度 ★☆☆

ステップ1

選択肢にはさまざまな人称代名詞が並んでいます。空所の位置は Join ------- で、動詞の直後で目的語の位置ですが、選択肢の代名詞はすべて目的語として使えます。

ステップ2

文意を見ると「3月17日と18日のレキシントン公園の週末清掃に〜一緒にご参加ください」です。**これは一般の人々に向けた案内文で、人々にだれと一緒に参加するよう呼びかけているかを考えると、その相手は主催者のはずです。**

ステップ3

主催者は us（私たち）で表せるので、(B) が正解になります。

問題・選択肢

3月17日と18日のレキシントン公園の週末清掃に<u>私たちと一緒に</u>ご参加ください。

(A) you　……二人称複数（主格・目的格）
(B) us　……一人称複数（目的格）
(C) them　……三人称複数（目的格）
(D) ourselves　……一人称複数（再帰代名詞）

初出の代名詞を選ぶ

　代名詞の問題は空所の前に名詞を探して、それに合った代名詞を選ぶのが基本です。しかし、初出の代名詞を選ぶべきケースがあります。**発表や報告、広告、案内などの文では we/our/us や you/your が単独で使われます。**

The costs were higher that <u>we</u> had expected.
（コストは私たちが予想した以上だった）

It's a good idea to check <u>your</u> health periodically.
（定期的にあなたの健康をチェックするのはいい考えです）

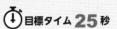

Q4

⏱目標タイム **25**秒

4つの選択肢から最適のものを選んでください。

Having a photo identification card can make
------- easier for you to get certain kinds of
public services.

   (A) that

   (B) it

   (C) them

   (D) us

単語の意味

□ photo identification　写真付き身分証

できた …………○　1回目　2回目　3回目
あいまい ………△
できなかった …×

147

Q4 正解 (B) ——————————————— 難易度 ★★☆

問題パターン 仮目的語の it

ステップ1

空所の位置は Having a photo identification card can make —————
easier で、この文は使役動詞の make が使われています。〈S V O C〉の
構造で、空所が O、easy が C に当たります。空所には目的語 O として使
えるものが入りますが、選択肢の代名詞はすべて目的語になります。

ステップ2

この部分の文意は「写真付き身分証をもっていることは〜をより簡単にす
る」ですが、**「何がより簡単になるか」を考えると、for 〜 to 以下の「あ
なたが一定の種類の公共サービスを受ける」ことです。**

ステップ3

**この不定詞の部分を仮目的語の it で受けるようにすれば、全体の文意が通
るようになります。よって、(B) が正解です。**

問題・選択肢

写真付き身分証をもっていることは、あなたが一定の種類の公共サービスを受ける
のをより簡単にします。

(A) that ……指示代名詞
(B) it ……代名詞（仮目的語）
(C) them ……代名詞（目的格）
(D) us ……人称代名詞（目的格）

 仮目的語の it

仮目的語は基本的に第5文型〈S V O C〉の O の位置で使います。O の内
容が長いときに it を使ってまずシンプルに文をつくり、後で to 不定詞や
that 節で説明するのです。

I found it difficult to finish the assignment within this week.
S V O C   O の説明
（私は今週中にこの仕事を終えるのが難しいことがわかった）
次のようなイディオムに組み込まれる例もあります。

We shouldn't **take it for granted** that customers are always loyal to us.
（我々はお客様がいつも支持してくれることを当然と思うべきでない）

Q5

4つの選択肢から最適のものを選んでください。

Being willing to listen to the opinions of ------- is an important quality for a leader.

(A) these

(B) others

(C) one

(D) someone

Ⓐ Ⓑ Ⓒ Ⓓ

できた ……………○ 1回目   2回目   3回目
あいまい ………△
できなかった …×

Q5 正解 (B) ——————————————— 難易度 ★★☆

問題パターン 不定代名詞 other

ステップ1

選択肢には不定代名詞と指示代名詞が並んでいます。空所の位置は the opinions of ------ ですが、この位置にはどの代名詞も入れることが可能です。

ステップ2

そこで文意を確認すると「～の意見を進んで聞こうとすることは、リーダーにとって重要な資質だ」です。

ステップ3

(B) others を選んで「他の人たちの意見を進んで聞く」とすれば文意が通るので、これが正解です。
(A) these は指すものが不明で、空所に入れても意味をなしません。
(C) one と (D) someone については、一人 (one) の意見やだれか (someone) の意見を聞くことがリーダーの資質とは考えられないので、どちらも不適です。

問題・選択肢

他人の意見を進んで聞こうとすることは、リーダーにとって重要な資質だ。

(A) these ……指示代名詞 (これら)
(B) others ……不定代名詞 (他の人たち)
(C) one ……不定代名詞 (一人)
(D) someone ……不定代名詞 (だれか)

 不定代名詞

　不特定の人・モノ・数量などを漠然と表すのが不定代名詞の役割です。注意したいのは次の不定代名詞です。
モノ・人に使う：one（1つ；1人）、another（不特定の他のもの・人）、other（他のもの；他人）、each（それぞれ；各自）、either（どちらか一方）、both（どちらも）、all（すべてのもの・人）、several（いくつか；何人か）
人に使う：anyone（だれでも）、someone（ある人）、everyone（みんな）
　Part 5 に出るときには、問題文を理解して、文脈に合うものを選ぶのが基本です。

4つの選択肢から最適のものを選んでください。

The city's main street is lined with ginkgo trees, ------- beautiful autumn foliage pleases the eyes of pedestrians.

(A) that

(B) when

(C) which

(D) whose

Ⓐ Ⓑ Ⓒ Ⓓ

単語の意味

□ ginkgo tree　銀杏の木
□ autumn foliage　紅葉
□ pedestrian　名歩行者

	できた ………… ○	1回目	2回目	3回目
	あいまい ……… △			
	できなかった … ×			

Q6 正解 (D) ———————————————— 難易度 ★★☆

問題パターン 関係代名詞（所有格）

ステップ1

選択肢には関係代名詞と接続詞が混在しています。空所の位置は ------ beautiful autumn foliage pleases the eyes of pedestrians です。まず接続詞の (B) when（〜とき）を検討すると、空所に入れても前後の文がうまくつながりません。そこで空所には関係代名詞が入ると想定します。

ステップ2

直前の ginkgo trees が先行詞だとすると、空所の後にはすでに主語も目的語もあるので、主格・目的格の (A) that や (C) which は入る余地がありません。

ステップ3

beautiful autumn foliage を限定する言葉が欠けていると考えて、所有格の (D) whose を選べば「その市の目抜き通りは銀杏が並木になっていて、その美しい紅葉は歩行者の目を楽しませる」となり、文意が通ります。

問題・選択肢

その市の目抜き通りは銀杏が並木になっていて、その美しい紅葉は歩行者の目を楽しませる。

(A) that　……関係代名詞（主格・目的格）
(B) when　……接続詞
(C) which　……関係代名詞（主格・目的格）
(D) whose　……関係代名詞（所有格）

 関係代名詞の基本

関係代名詞は先行詞の種類・格で何を選ぶかが決まります。

（先行詞）	（主格）	（所有格）	（目的格）
人	who	whose	who/whom
モノ	which	whose/of which	which
人・モノ	that	---	that

what は先行詞と主格・目的格が一体化した関係代名詞です。モノに使います。〈what〉＝〈先行詞 + which〉

Q7

⏱️目標タイム **25**秒

DAY 1
DAY 2
DAY 3
DAY 4
DAY 5
DAY 6
DAY 7
DAY 8

4つの選択肢から最適のものを選んでください。

Fuji Entertainment will build four amusement parks nationwide, one of ------- is now being constructed in the suburbs of Sendai.

(A) which

(B) it

(C) those

(D) them

ⒶⒷⒸⒹ

単語の意味

□ suburb 名郊外

Q7 正解 (A) ———————————— 難易度 ★☆☆

問題パターン 関係代名詞（目的格）

ステップ1

選択肢にはさまざまな代名詞が混在しています。空所の位置はカンマの後にあり、one of ------ is now being constructed in the suburbs of Sendai となっています。

ステップ2

この文は one of ------ が主語になっています。前の文とはカンマで区切られているだけなので、空所に入る言葉は接続機能をもたないといけません。(B) it、(C) those、(D) them の代名詞はいずれも接続機能をもたないので、すべて不可です。

ステップ3

(A) which は関係代名詞で目的格として使えるので、four amusement parks を先行詞として前後の文をつなぐことができます。

問題・選択肢

フジ・エンターテインメントは全国に4つの遊園地をつくる予定で、そのうちの1つは仙台の郊外に目下、建設されている。

(A) which ……関係代名詞
(B) it ……代名詞
(C) those ……指示代名詞
(D) them ……代名詞

 先行詞と関係代名詞が離れる

関係代名詞の直前には先行詞がくるのが基本ですが、この問題のように間に別の言葉が入ることもあります。

～ <u>four amusement parks</u> nationwide, one of <u>which</u> ～
　　　　先行詞　　　　　　　　　　　　　関係代名詞

関係代名詞の前には前置詞がくることも多いです。

<u>The company</u> for <u>which</u> I had worked was acquired by the rival.
　　先行詞　　　　　関係代名詞

（私が以前勤めていた会社はライバル会社に買収された）

154

Q8

4つの選択肢から最適のものを選んでください。

Keiko Watanabe would like to know ------- the product launch planned for this month was abruptly postponed to October.

(A) that

(B) why

(C) however

(D) which

Ⓐ Ⓑ Ⓒ Ⓓ

単語の意味

□ abruptly 圖突然；急に

	できた …………○ あいまい ………△ できなかった …×	1回目	2回目	3回目

155

Q8　正解 (B) ───────────────── 難易度 ★★☆

問題パターン 関係副詞

ステップ1

選択肢には接続詞と関係詞（疑問詞）が混在しています。空所の位置
は know ------- the product launch planned for this month was
abruptly postponed to October です。空所の前には先行詞に当た
る名詞はなく、また空所に続くのは欠けた要素のない完全な文です。(D)
which は関係代名詞としても、疑問詞としても入る余地がありません。

ステップ2

文意は「ケイコ・ワタナベは、〜今月に予定されていた製品発売が突然10
月に延期されたのかを知りたいと思っている」です。

ステップ3

**(B) why を入れると「なぜ今月に予定されていた製品発売が突然10月に
延期されたのかを知りたいと思っている」となり、理由を知りたいという内
容の文が完成します。**
接続詞の (A) that では既知の情報を知りたいというつじつまの合わない文
になります。複合関係副詞の (C) however は、直後に修飾すべき形容詞か
副詞がないと成立しません。また、意味的にもこの文脈には合いません。

問題・選択肢

ケイコ・ワタナベは、なぜ今月に予定されていた製品発売が突然10月に延期され
たのかを知りたいと思っている。

(A) that　……接続詞
(B) why　……関係副詞
(C) however　……複合関係副詞
(D) which　……関係代名詞・疑問詞

 関係副詞の基本

（関係副詞）	（先行詞）	（先行詞の例）
when	時を表す語	day, year など
where	場所を表す語	factory, area など
why	理由を表す語	reason（省略可）
how	なし	---

DAY 1
DAY 2
DAY 3
DAY 4
DAY 5
DAY 6
DAY 7
DAY 8

Q9

⏱ 目標タイム **25**秒

4つの選択肢から最適のものを選んでください。

------- one the client will choose from the plans we've proposed, we must build an apartment based on it within the designated budget.

(A) Any

(B) Which

(C) However

(D) Whichever

Ⓐ Ⓑ Ⓒ Ⓓ

単語の意味

□ designated 形指定された

	1回目	2回目	3回目
できた …………○ あいまい ………△ できなかった …×	☐	☐	☐

Q9 正解 (D) ———————————— 難易度 ★★☆

（問題パターン）複合関係詞

（ステップ1）

空所の位置は ------ one the client will choose from the plans we've proposed, で、前半の文の頭にあります。

（ステップ2）

空所の後に代名詞の one があり、その後は the client will choose となっていて、choose の目的語がないので、これが前に出ていると考えられます。つまり、------ one で目的語を構成します。

（ステップ3）

必要なのは one を修飾しながら前半の文をつくり、後半の文に接続することのできる言葉です。複合関係形容詞の (D) Whichever を選べば、「顧客が私たちの提案したプランからどの１つを選択しようとも」と譲歩の意味をもたせながら、後半の文につなげられます。

形容詞の (A) Any は one を修飾できても、文をつなぐ機能がありません。関係代名詞の (B) Which は直前に先行詞が必要で文頭では使えません。複合関係副詞の (C) However は直後に形容詞や副詞がないと使えません。

（問題・選択肢）

顧客が私たちの提案したプランからどの１つを選択しようとも、私たちは指定された予算内でそれに基づいたアパートを建設しなくてはならない。

(A) Any　……形容詞
(B) Which　……関係代名詞
(C) However　……複合関係副詞
(D) Whichever　……複合関係形容詞

 複合関係詞の基本

（複合関係代名詞）whatever, who(m)ever, whichever
　〈Whatever [Whichever/Whomever] S V, 〜〉〈Whoever V, 〜〉の形です。
（複合関係形容詞）whichever, whatever
　〈Whichever [Whatever] 名詞 S V, 〜〉の形です。
（複合関係副詞）whenever, wherever, however
　〈Whenever [Wherever] S V, 〜〉〈However 形容詞・副詞 S V, 〜〉の形です。

4つの選択肢から最適のものを選んでください。

His innate talent and tireless efforts made Sergei Timochenko one of ------- pianists to have ever lived.

(A) remarkably

(B) remark

(C) more remarkable

(D) the most remarkable   Ⓐ Ⓑ Ⓒ Ⓓ

単語の意味

□ innate 形 生来の
□ tireless 形 たゆまぬ；疲れを知らない

	できた…………○	1回目	2回目	3回目
	あいまい………△			
	できなかった…×			

Q10 正解 (D) ——————————— 難易度 ★☆☆

問題パターン 〈one of the 最上級＋名詞〉

ステップ1

空所には語幹が remark のさまざまな品詞が比較も含めて並んでいます。空所の位置は one of ------- pianists to have ever lived です。空所は前置詞と名詞に挟まれているので、ここに副詞は入る余地がなく、まず (A) remarkably を外せます。

ステップ2

名詞の (B) remark は「意見；感想」という意味で、pianists につながらず、これも不可です。

ステップ3

形容詞のどちらを選ぶかですが、**〈one of the 最上級＋名詞〉は決まった形で「最も～な［名詞］の１つ」という意味を表します。よって、(D) the most remarkable が正解です。**「今までで最も注目すべきピアニストの１人」と意味も適切です。

問題・選択肢

彼の生来の才能とたゆまぬ努力がセルゲイ・ティモシェンコを今までで最も注目すべきピアニストの一人にした。

(A) remarkably ……副詞
(B) remark ……名詞
(C) more remarkable ……形容詞の比較級
(D) the most remarkable ……形容詞の最上級

 最上級 ....

最上級が使われる場合はその文にヒントの言葉があります。問題の〈one of the 最上級＋名詞〉のほかに、次のようなパターンがあります。

He is the most excellent among the interns.
（彼はインターンの中で一番優秀である）
→ 比較対象が among、of、in 以下で示される。
This is the most impressive speech that I have ever heard.
（これは私が今まで聞いた中で最も感動的なスピーチだ）
→ ever（これまでで）を使った現在完了の節が続く。

Q11

4つの選択肢から最適のものを選んでください。

If you inform us beforehand, we can arrange
your seats so that you can sit next to -------.

(A) yourselves
(B) together
(C) side by side
(D) each other

Ⓐ Ⓑ Ⓒ Ⓓ

単語の意味

□ beforehand　副 事前に；前もって

できた …………○　1回目　2回目　3回目
あいまい ………△　☐　☐　☐
できなかった …×

Q11 正解 (D) ———————————————— 難易度 ★★☆

問題パターン each other の用法

ステップ1

選択肢には再帰代名詞、副詞、イディオムが混在しています。空所は so that 節の中にあり、you can sit next to ------- となっています。

ステップ2

空所は next to という前置詞の後ろなので、名詞がこないといけません。(B) together は副詞で、(C) side by side も副詞的に使うのでどちらも不可です。

ステップ3

sit next to ------- で「並んで座る」になると想定できます。next to は「〜の隣に」の意味なので、(D) each other（お互い）を続ければ、「互いに隣り合って」→「並んで」の意味になります。
(A) yourselves は「あなたたち自身」で、「お互い」とは意味が違います。

問題・選択肢

もし事前にお知らせくだされば、私たちはお客様が<u>並んで</u>座れるように座席を手配いたします。

(A) yourselves　……あなたたち自身
(B) together　……一緒に
(C) side by side　……並んで
(D) each other　……お互い

 next to

next to は「〜の隣に」の意味で「場所」を表す表現として TOEIC によく出ます。

Our company is located <u>next to</u> the post office.
（私たちの会社は郵便局の隣です）
「順序」を表す表現としても使われます。
<u>Next to</u> Mozart, I like Wagner.
（モーツァルトの次にワグナーが好きだ）

Q12

4つの選択肢から最適のものを選んでください。

Ms. Manning attended the ceremony at the Tudor Hotel and accepted the Best Web Site Award ------- everyone at the company.

(A) by way of

(B) on behalf of

(C) in light of

(D) as much as

Ⓐ Ⓑ Ⓒ Ⓓ

できた ………… ○
あいまい ……… △
できなかった … ✕

1回目	2回目	3回目

Q12　正解 (B) ────────────────── 難易度 ★★☆

問題パターン イディオムの選択

ステップ1

空所の位置は ------- everyone at the company で、「会社の全員」に対してどうなのかがポイントです。

ステップ2

空所の前は「マニングさんはチューダー・ホテルのセレモニーに出席して、ベスト・ウェブサイト賞を受けた」の意味です。

ステップ3

「賞を受けた」ということと「会社の全員」との関係を考えると、「会社の全員を代表して賞を受けた」と考えられます。よって、(B) on behalf of が正解になります。

(A) by way of（〜を経由して）は旅程を示すときによく使います。(C) in light of（〜を考慮して）は考える内容を導きます。(D) as much as（〜と同じくらい）は同等のものを比較するときに使います。

問題・選択肢

マニングさんはチューダー・ホテルのセレモニーに出席して、会社の全員を代表してベスト・ウェブサイト賞を受けた。

(A) by way of　……〜を経由して
(B) on behalf of　……〜を代表して
(C) in light of　……〜を考慮して
(D) as much as　……〜と同じくらい

 on behalf of

behalf は「味方」の意味で、**on behalf of** で「〜を代表して」の意味になり、TOEICではこの問題のように会社を代表しての受賞やスピーチなどの場面で出てきます。〈**on behalf of** 会社・社員・集団〉のイメージで覚えておきましょう。

DAY 1
DAY 2
DAY 3
DAY 4
DAY 5
DAY 6
DAY 7
DAY 8

Q13

⏱ 目標タイム **25** 秒

4つの選択肢から最適のものを選んでください。

To apply for a new passport, go to the consulate and submit your completed forms -------.

(A) after all
(B) one after another
(C) by no means
(D) in person

Ⓐ Ⓑ Ⓒ Ⓓ

単語の意味

☐ consulate 名 領事館
☐ submit 他 提出する

	1回目	2回目	3回目
できた …………○ あいまい ………△ できなかった …×	☐	☐	☐

Q13 正解 (D) ——————————————— 難易度 ★☆☆

問題パターン イディオムの選択

ステップ1
空所は文尾にあって、文構造からでは選択肢の取捨選択ができそうにありません。文意を考えることにしましょう。

ステップ2
「新しいパスポートを申請するには、領事館に出かけて、記入を終えた書式を〜提出してください」が文意です。これだけでも意味は通りますが、空所のイディオムは提出するという行動をより具体的に示すものではないかと見当をつけます。

ステップ3
(D) in person は「直接に」の意味で、submit と結びついて「直接提出する」となって行動がより具体的に示せます。
(A) after all は「結局のところ」の意味で、文中に何か結論が示されていないと使えません。(B) one after another は「次々と」で、1回きりのパスポート申請の場面に合いません。(C) by no means は「決して〜ない」と強い否定を表し、この文には当てはまりません。

問題・選択肢
新しいパスポートを申請するには、領事館に出かけて、記入を終えた書式を直接提出してください。

(A) after all ……結局のところ
(B) one after another ……次々と
(C) by no means ……決して〜ない
(D) in person ……直接に

 in person

in person は「人に頼らず、直接自分で」の意味でTOEICによく出ます。
You have to sign up for it in person.
（それにはあなたが直接申し込む必要があります）
「〜本人」のニュアンスでも使えます。
I talked to the president in person.
（私は社長本人と話しました）

Q14

4つの選択肢から最適のものを選んでください。

Beginning next February, the SkyTrain will issue cards with IC chips ------- paper tickets to passengers.

(A) in place of
(B) with respect to
(C) contrary to
(D) except for

Ⓐ Ⓑ Ⓒ Ⓓ

単語の意味

□ issue 他発行する

	できた…………○	1回目	2回目	3回目
	あいまい………△			
	できなかった…×			

Q14 正解 (A) ───────────── 難易度 ★★☆

ステップ1

空所の位置は issue cards with IC chips ------- paper tickets です。

ステップ2

空所の前後にある「ICチップ付きのカード」と「紙の切符」はどちらも issue の目的語になりそうな言葉です。この2つをどう関係づけるかを考えます。

ステップ3

(A) in place of（〜の代わりに）は後出の語を否定して前出の語を肯定するので、「紙の切符の代わりにICチップ付きのカードを発行する」と、2つのものの関係を適切に表せます。
(B) with respect to（〜に関しては）は話題を導くので、ここには当てはまりません。(C) contrary to（〜に反して）は to 以下の前提に反する状況を導くイディオムで、通例は文頭で使います。(D) except for（〜を除いて）は1つのものを除外する機能で、2つのものの関係を表現するのには使えません。

問題・選択肢

次の2月から、スカイトレインは乗客に紙の切符の<u>代わりに</u>ICチップ付きのカードを発行する。

(A) in place of ……〜の代わりに
(B) with respect to ……〜に関しては
(C) contrary to ……〜に反して
(D) except for ……〜を除いて

 in place of

in place of は「〜の代わりに」の意味でモノも人も続けられます。
I'll attend the banquet in place of the manager.
（私が部長の代わりに晩餐会に出席します）
なお、**in place** は「行われて；準備が整って」の意味で、こちらも頻出です。
New taxes will be put in place tomorrow.
（新しい税金が明日から施行される）

4つの選択肢から最適のものを選んでください。

Despite recently turning 70, actor Josh
Armstrong says he will continue to appear
in movies ------- he finds interesting roles to
play.

(A) as long as

(B) in terms of

(C) even though

(D) as well as

Ⓐ Ⓑ Ⓒ Ⓓ

単語の意味

□ appear 　自 出演する
□ role 　名 役割

できた …………○　1回目　2回目　3回目
あいまい ………△　☐　　☐　　☐
できなかった …×

DAY 1
DAY 2
DAY 3
DAY 4
DAY 5
DAY 6
DAY 7
DAY 8

Q15 正解 (A) ——————————————— 難易度 ★★☆

問題パターン イディオムの選択

ステップ1

空所の位置は ------ he finds interesting roles to play で、次に文が続いています。よって、空所に入るのは接続詞の機能をもつイディオムなので、前置詞の機能をもつ (B) in terms of（〜の点では）と (D) as well as（〜と同様に）をまず外せます。

ステップ2

文意を考えると、空所の前までは「最近70歳になったにもかかわらず、俳優のジョシュ・アームストロングは映画に出演し続けるつもりだ」、空所の後は「演じるのに面白い役が見つかる」。**後半はジョシュが映画に出演し続ける「条件」となっていると考えられます。**

ステップ3

条件を表す (A) as long as（〜するかぎり）を入れると文意が通ります。
(C) even though は「たとえ〜であっても」と逆接・譲歩の意味になるので、ここには当てはまりません。

問題・選択肢

最近70歳になったにもかかわらず、俳優のジョシュ・アームストロングは、演じるのに面白い役が見つかるかぎり、映画に出演し続けるつもりだ。

(A) as long as ……〜するかぎり
(B) in terms of ……〜の点では
(C) even though ……たとえ〜であっても
(D) as well as ……〜と同様に

 as long as/as far as

as long as と as far as はまぎらわしいので、意味をしっかり押さえておきましょう。

as long as は「〜であるかぎり；〜であるなら」と条件を表すもので、only if の類似表現です。一方、as far as は「〜のかぎりでは」と範囲を限定する表現です。to the extent that が類似表現です。

<u>as long as</u> there's a chance（チャンスがあるかぎり）
<u>as far as</u> I know（私の知るかぎりでは）

DAY 6

実戦練習 No.1

30問

⏱ 解答時間
730点目標：**12**分**30**秒
高得点目標：**10**分

✓「実戦練習」では、Part 5 に出る全種の問題をランダムに出題しています。本番の Part 5 を解くつもりで、時間も意識しながら解答してみましょう。

✓ 問題を解いたら、解説を読んでしっかり理解しておきましょう。また、日をおいて、2回、3回とトライしてみましょう。

Q1

Free drinks and refreshments are available
-------- the duration of the flight.

(A) in
(B) to
(C) for
(D) across

Ⓐ Ⓑ Ⓒ Ⓓ

できた …………○　1回目　2回目　3回目
あいまい ………△
できなかった …×

Q2

The warehouse is full of stored new seasonal
items ready to be ------- next week.

(A) ship
(B) shipped
(C) shipping
(D) shipment

Ⓐ Ⓑ Ⓒ Ⓓ

できた …………○　1回目　2回目　3回目
あいまい ………△
できなかった …×

単語の意味

Q1
□ refreshment 名軽食
□ duration 名継続（時間）

Q2
□ warehouse 名倉庫

Q1 正解 (C) 前置詞の選択 ——————————— 難易度 ★★☆

ステップ1
選択肢にはさまざまな前置詞が並んでいます。空所の位置は -------- the duration of the flight です。

ステップ2
ポイントは duration を知っているかどうかです。意味は「継続時間」で、公演やフライトなどの長さを表します。

ステップ3
duration が「時間の長さ」を表すなら、前置詞は (C) for（〜の間）が合います。 他の前置詞はどれも「時間の長さ」を導けません。

問題・選択肢
フライトの間、無料の飲み物と軽食がご利用できます。

(A) in 〜で

(B) to 〜に

(C) for 〜の間

(D) across 〜にまたがって

Q2 正解 (B) 品詞の識別（過去分詞）——————————— 難易度 ★☆☆

ステップ1
空所に入る品詞を選ぶ問題です。まず、この ship が動詞の「発送する」であることを押さえておきましょう。

ステップ2
空所の位置は new seasonal items ready to be -------- で、be 動詞の直後なので、可能性のあるのは形容詞・分詞・名詞です。(A) ship（発送する）は動詞原形なので、この位置に入る余地がなく、まず外せます。

ステップ3
文意を考えると、「〜準備ができている新しい季節商品」となります。**新しい季節商品は「発送される」という関係ですから、空所には受け身になる過去分詞が必要なことがわかります。よって、(B) shipped が正解です。** 現在分詞の (C) shipping では商品が自分で発送するような意味になり、不適切。名詞の (D) shipment は「出荷；発送品」の意味で、ready to とつながりません。

問題・選択肢
倉庫は、保管された新しい季節商品でいっぱいで、それらは来週に発送される準備ができている。

(A) ship 動詞（原形）

(B) shipped 過去分詞

(C) shipping 現在分詞

(D) shipment 名詞

Q3

All of the four interns who Haruka Reyes ------- in the summer found permanent posts at the companies located in Tokyo.

(A) mentors
(B) mentored
(C) has mentored
(D) was mentored

Ⓐ Ⓑ Ⓒ Ⓓ

できた …………○ 1回目 2回目 3回目
あいまい ………△
できなかった …✕

Q4

KP Industries will release the financial details ------- the auditors have finished their work on them.

(A) while
(B) as soon as
(C) whenever
(D) at the same time

Ⓐ Ⓑ Ⓒ Ⓓ

できた …………○ 1回目 2回目 3回目
あいまい ………△
できなかった …✕

単語の意味

Q3
□ permanent post　正社員の仕事
□ locate　他 立地させる

Q4
□ auditor　名 監査担当者

Q3 正解 (B) 動詞の形 (過去形) ──────── 難易度 ★☆☆

ステップ1

選択肢にはさまざまな述語動詞の形が並びます。空所の位置は All of the four interns who Haruka Reyes ------ in the summer で、主語を構成する関係詞節の中にあります。

ステップ2

選択肢の mentor は動詞で使うと「指導する」の意味で、Haruka Reyes は interns を「指導する」という関係なので、能動態でないといけません。まず受動態の (D) を外せます。

ステップ3

主節の動詞は found と過去形なので、Haruka Reyes の指導も過去のことであるはずです。よって、能動態で過去形の (B) mentored が正解になります。

問題・選択肢

ハルカ・レイエスが夏に指導した4人のインターンはみんな、東京の会社に正社員の仕事を得た。

(A) mentors　現在形（三単現）　　　(B) mentored　過去形

(C) has mentored　現在完了形　　　(D) was mentored　過去形（受動態）

Q4 正解 (B) イディオムの選択 ──────── 難易度 ★☆☆

ステップ1

空所の位置は ------ the auditors have finished their work on them で、後半の文の前にあります。文を導く接続詞が必要なので、接続機能のない (D) at the same time（同時に）をまず外せます。

ステップ2

文意は前半が「KPインダストリーズは財務の詳細を発表する」、後半が「監査担当者がその作業を終える」です。

ステップ3

(B) as soon as を選んで「終えたらすぐに」とすれば、前後がうまくつながります。 (A) while（〜している間）や (C) whenever（〜のときはいつでも）は継続的な行為について使うので、finished のような1回限りの動作には合いません。

問題・選択肢

KPインダストリーズは、監査担当者がその作業を終えたらすぐに財務の詳細を発表する。

(A) while　〜している間　　　　　　(B) as soon as　〜するとすぐに

(C) whenever　〜のときはいつでも　(D) at the same time　同時に

Q5

Unfortunately, the candidate ------- was the best choice for the position accepted an offer from another company.

(A) when
(B) what
(C) who
(D) whose

Ⓐ Ⓑ Ⓒ Ⓓ

	1回目	2回目	3回目
できた ………… ○			
あいまい ………△			
できなかった …×			

Q6

The PNC Bank Group provides custom-made investment solutions to a diverse client -------.

(A) base
(B) basic
(C) basically
(D) based

Ⓐ Ⓑ Ⓒ Ⓓ

	1回目	2回目	3回目
できた ………… ○			
あいまい ………△			
できなかった …×			

単語の意味

Q5
□ unfortunately 圓 残念ながら

Q6
□ custom-made 圏 特別仕様の；カスタムメイドの
□ diverse 圏 多様な

DAY 1
DAY 2
DAY 3
DAY 4
DAY 5
DAY 6
DAY 7
DAY 8

Q5 正解 (C) 関係代名詞（人・主格） ———————— 難易度 ★☆☆

ステップ1

選択肢には関係副詞と関係代名詞が混在しています。空所は文全体の主語の中にあり、the candidate ------ was the best choice for the position となっています。

ステップ2

the candidate が先行詞とすると、空所の後の関係詞節には主語がありません。入るのは人の先行詞に続く主格の関係代名詞です。

ステップ3

よって、(C) who が正解になります。

問題・選択肢

残念ながら、その職位に最適の選択だった候補者は他の会社からのオファーを受け入れた。

(A) when　関係副詞（時）

(B) what　関係代名詞（先行詞を兼ねる）

(C) who　関係代名詞（人・主格）

(D) whose　関係代名詞（所有格）

Q6 正解 (A) 品詞の識別（名詞） ———————— 難易度 ★★☆

ステップ1

空所の位置は to a diverse client ------ で、前置詞 to の後です。可能性のあるのは名詞か、動詞にかかる副詞です。形容詞は入る余地がないので、(B) basic をまず外せます。

ステップ2

また、過去分詞の (D) based も後ろに続く要素（on 〜など）がないと単独では前の名詞を修飾できません。

ステップ3

意味を考えると「多様な顧客〜にオーダーメイドの投資ソリューションを提供する」なので、(A) base を選んで「多様な顧客基盤に」とすると文意が通ります。
副詞の (C) basically（基本的に）を選ぶと、その前が to a diverse client となって、「一人の多様な顧客に」というおかしな表現になります。

問題・選択肢

PNCバンク・グループは、多様な顧客基盤にオーダーメイドの投資ソリューションを提供する。

(A) base　名詞

(B) basic　形容詞

(C) basically　副詞

(D) based　過去分詞

Q7

The Webster River flooded in several locations after days of heavy rainfall, ------- some roads to be closed.

 (A) starting
 (B) occurring
 (C) causing
 (D) arising   Ⓐ Ⓑ Ⓒ Ⓓ

	1回目	2回目	3回目
できた …………○ あいまい ………△ できなかった …×	☐	☐	☐

Q8

Tablet PC sales in the first quarter were 15% more than those in the ------- period of last year.

 (A) that
 (B) other
 (C) same
 (D) earlier   Ⓐ Ⓑ Ⓒ Ⓓ

	1回目	2回目	3回目
できた …………○ あいまい ………△ できなかった …×	☐	☐	☐

単語の意味

Q7
☐ location 名 地点

179

Q7　正解 (C)　動詞の選択 ━━━━━━━━━━━━ 難易度 ★★☆

ステップ1

空所の位置は ------ some roads to be closed（いくつかの道路を～する）で、現在分詞が入りますが、この現在分詞は主文の内容を受けると考えられます。

ステップ2

その主文の意味は「ウェブスター川は数日にわたる大雨により数カ所で氾濫した」です。

ステップ3

「川が氾濫して」→「道路を閉鎖させた」と考えられるので、因果関係を表せて〈V O to do〉の形がとれる (C) causing（引き起こす）を選びます。(B) のoccur と (D) の arise が少し紛らわしいですが、これらはいずれも自動詞として使い、目的語を続けられません。(A) の start は他動詞で使えますが、因果関係を表せず、また〈V O to do〉の形もとれません。

問題・選択肢

ウェブスター川は数日にわたる大雨により数カ所で氾濫し、何本かの道路を閉鎖させた。

(A) starting　始める　　　　　　　(B) occurring　起こる

(C) causing　引き起こす　　　　　(D) arising　発生する

Q8　正解 (C)　形容詞の選択 ━━━━━━━━━━━━ 難易度 ★★☆

ステップ1

選択肢にはさまざまな形容詞が並んでいます。この文は Tablet PC sales（タブレットPCの売り上げ）を今年と去年で比較している文です。

ステップ2

比較する対象は同様でないといけないので、Tablet PC sales in the first quarter ＝ those in the ------ period of last year となります。those はsales に対応して、in the ------ period of last year が in the first quarter に対応することになります。

ステップ3

両者を対応させるために空所に (C) same を入れると、「前年同期」となり比較関係が成立します。空所は冠詞 the の後なので、(A) that では限定詞が重複して不可です。(B) では in the other period となり、比較が成立しません。(D) では「昨年のさらに早い時期」となり、これも比較するのに不適です。

問題・選択肢

第1四半期のタブレットPCの売り上げは、昨年同期より15％多かった。

(A) that　その　　　　　　　　　(B) other　他の

(C) same　同じ　　　　　　　　　(D) earlier　前の

Q9

For travelers, one drawback of staying in downtown Cruzo is the ------- of affordable hotels.

- (A) lack
- (B) defect
- (C) complaint
- (D) reason

Ⓐ Ⓑ Ⓒ Ⓓ

できた …………○	1回目	2回目	3回目
あいまい ………△			
できなかった …×			

Q10

"Adventure X" is Director Steven Schneider's most thrilling movie ------- and is sure to be a box-office hit.

- (A) lately
- (B) just
- (C) ever
- (D) never

Ⓐ Ⓑ Ⓒ Ⓓ

できた …………○	1回目	2回目	3回目
あいまい ………△			
できなかった …×			

単語の意味

Q9
□ drawback 名 欠点
□ affordable 形 値段が手頃な

Q10
□ box-office 形 興行成績の

Q9 正解 (A) 名詞の選択 ──────────── 難易度 ★★☆

ステップ1

空所は補語の中にあり、the ------ of affordable hotels となっています。

ステップ2

文意は「旅行者にとって、クルーゾの中心部に滞在する欠点は、値段が手頃なホテルの〜だ」です。「値段が手頃なホテルがどうなのが欠点なのか」を考えます。

ステップ3

(A) lack（欠如）を選んで「値段が手頃なホテルがないこと」とすれば文意が通ります。(B) defect（欠点）では、主語と被って意味をなしません。(C) complaint は「不平」の意味で、ホテルが不平をもっているようなおかしな文になります。(D) reason（理由）では「ホテルの理由」になり、これも不適です。

問題・選択肢

旅行者にとって、クルーゾの中心部に滞在する欠点は、値段が手頃なホテルが<u>ない</u><u>こと</u>だ。

(A) lack 欠如　　　　　　　　　　　(B) defect 欠点
(C) complaint 不平　　　　　　　　 (D) reason 理由

Q10 正解 (C) 副詞の選択 ──────────── 難易度 ★★☆

ステップ1

空所は文の前半にあり、"Adventure X" is Director Steven Schneider's most thrilling movie ------ となっています。

ステップ2

most thrilling movie と最上級の形が使われていることに注目して、この most に呼応する副詞を探します。

ステップ3

(C) ever は「これまでで」の意味があり、この文に当てはめれば「これまでで一番スリルのある映画」となり適切です。なお、ever の代わりに yet も使えます。他の副詞はどれも意味的におかしく、最上級とも呼応しません。

問題・選択肢

「アドベンチャーX」はスティーブン・シュナイダー監督の<u>これまでで</u>一番スリルのある映画で、興行的成功は間違いない。

(A) lately 最近　　　　　　　　　　(B) just ちょうど
(C) ever これまでで　　　　　　　 (D) never 決して〜ない

目標タイム **50**▸▸**40**秒

DAY 1
DAY 2
DAY 3
DAY 4
DAY 5
DAY 6
DAY 7
DAY 8

Q11

If the board attempts ------- further conditions, the deal with the distributor will fall through.

(A) request
(B) requested
(C) have requested
(D) to request

Ⓐ Ⓑ Ⓒ Ⓓ

できた …………○ 1回目 2回目 3回目
あいまい ………△
できなかった …×

Q12

------- the fact that he joined the team at the last minute, Mr. Vaananen did a remarkable job on the Clavin Tower project.

(A) Considering
(B) Because of
(C) As
(D) Even though

Ⓐ Ⓑ Ⓒ Ⓓ

できた …………○ 1回目 2回目 3回目
あいまい ………△
できなかった …×

単語の意味

Q11
□ deal 名取引
□ fall through 失敗する

Q12
□ remarkable 形目覚ましい

Q11　正解 (D)　動詞の形 (動詞＋不定詞) ─────── 難易度 ★☆☆

ステップ1

空所は前半の if 節にあり、If the board attempts ─── further conditions, となっています。

ステップ2

この問題のポイントは動詞の **attempt**（〜しようとする）です。**attempt** は後ろに動詞を従える場合は不定詞か〈at + 動名詞〉の形です。

ステップ3

選択肢には不定詞の **(D) to request** しかないのでこれを選びます。

問題・選択肢

取締役会がさらなる条件を求めようとするなら、販売会社との取引は失敗に終わるだろう。

(A) request　動詞（原形）　　　　　(B) requested　過去分詞

(C) have requested　現在完了形　　(D) to request　不定詞

Q12　正解 (A)　前置詞の選択 ───────── 難易度 ★★☆

ステップ1

空所の位置は、─── the fact that he joined the team at the last minute, と冒頭にあります。空所の次は名詞の the fact なので、前置詞しか入りません。まず接続詞の (D) Even though を外せます。(C) As は前置詞・接続詞の両方で使えるので残します。

ステップ2

文意は、カンマまでの前半は「ヴァーナネンさんはチームに最後に加わったという事実」、後半は「クラヴィンタワー・プロジェクトで目覚ましい仕事をした」です。

ステップ3

「最後に加わった」ことは「目覚ましい仕事をする」には不利な状況で、前後は矛盾した内容です。**(A) Considering** には「〜を考慮すると」の意味があり、矛盾した内容を接続できます。(B) Because of（〜のため）は理由を表すので、この文脈には合いません。(C) As は前置詞としていくつかの意味がありますが、相反する情報をつなぐ用法はないので不適です。

問題・選択肢

ヴァーナネンさんはチームに最後に加わったという事実を考えれば、クラヴィンタワー・プロジェクトで目覚ましい仕事をした。

(A) Considering　前置詞（〜を考慮すると）

(B) Because of　前置詞（〜のため）

(C) As　前置詞（〜として；〜のとき）・接続詞（〜ので）

(D) Even though　接続詞（たとえ〜であっても）

Q13

Interns learn about an industry by ------- workers as they do their day-to-day jobs.

- (A) observers
- (B) observing
- (C) observation
- (D) observational

Ⓐ Ⓑ Ⓒ Ⓓ

	1回目	2回目	3回目
できた …………○ あいまい ………△ できなかった …×	☐	☐	☐

Q14

The first option is to negotiate with SAU Industries about discounts and the second one to look for ------- supplier.

- (A) other
- (B) another
- (C) the other's
- (D) one another

Ⓐ Ⓑ Ⓒ Ⓓ

	1回目	2回目	3回目
できた …………○ あいまい ………△ できなかった …×	☐	☐	☐

単語の意味

Q13
☐ day-to-day　形 日々の

Q14
☐ supplier　名 サプライヤー；
　　　　　　　供給業者

Q13 正解 (B) 品詞の識別 (動名詞) ——————— 難易度 ★★☆

ステップ1

空所は前置詞の後で、名詞が続いています。空所には名詞、動名詞、形容詞のすべてが入る可能性があるので、意味を調べます。

ステップ2

まず、名詞ですが、(A) observers (観察者) は workers とつなげても意味をなしません。(C) observation (観察) でも「観察労働者」となり意味不明です。形容詞の (D) observational は「観察の；観察による」の意味で、人である「労働者」を修飾できません。

ステップ3

(B) observing を動名詞と考えれば、「インターンは労働者を観察することによって産業について学ぶ」となり、文意が通ります。これが正解です。

問題・選択肢

インターンは、日々の仕事をこなす労働者を観察することによって産業について学ぶ。

(A) observers　名詞

(B) observing　動名詞

(C) observation　名詞

(D) observational　形容詞

Q14 正解 (B) another の用法——————————難易度 ★★☆

ステップ1

空所は to look for ------ supplier と、名詞を修飾する位置なので、入るのは形容詞として使うものです。(D) one another は名詞として使い、supplier につながらないので、まず外せます。

ステップ2

文意は「第一の選択肢はSAUインダストリーズと値引きの交渉をすることで、第二の選択肢が〜サプライヤーを探すことだ」です。

ステップ3

(B) another を選べば「(不特定の) 他のサプライヤーを探す」という適切な文になるので、これが正解です。(A) other は「特定の他の」を指すときに使い、その際には定冠詞の the が必要です。(C) the other's は代名詞の other にアポストロフィの付いたものですが、空所に入れても the other が何を指すかわからないので、これも不可です。

問題・選択肢

第一の選択肢はSAUインダストリーズと値引きの交渉をすることで、第二の選択肢が他のサプライヤーを探すことだ。

(A) other　他の

(B) another　(不特定の) 他の

(C) the other's　他のものの

(D) one another　お互い

⏱ 目標タイム **50** ▶▶ **40** 秒

DAY 1
DAY 2
DAY 3
DAY 4
DAY 5
DAY 6
DAY 7
DAY 8

Q15

Swan Lake Hotel's restaurants serve a range of dishes that all ------- from the vegetables and meat produced by local farmers.

(A) original
(B) originally
(C) originate
(D) originality

Ⓐ Ⓑ Ⓒ Ⓓ

	1回目	2回目	3回目
できた ………… ○ あいまい ……… △ できなかった … ×			

Q16

------- photography is your hobby or full-time job, you can sell your work and earn money through our Web site.

(A) That
(B) Which
(C) Whether
(D) However

Ⓐ Ⓑ Ⓒ Ⓓ

	1回目	2回目	3回目
できた ………… ○ あいまい ……… △ できなかった … ×			

単語の意味

Q15
□ a range of さまざまな〜

Q16
□ earn 他 稼ぐ

Q15 正解 (C) 品詞の識別（動詞）————————— 難易度 ★★☆

ステップ1

空所の位置は a range of dishes that all ------ from the vegetables and meat produced by local farmers です。

ステップ2

この **that** は関係代名詞で、先行詞は **a range of dishes** です。この関係詞節には述語動詞がありません。

ステップ3

よって、動詞の **(C) originate**（生じる）が正解となります。originate from で「〜から生じる」の意味で、「地元の農家がつくる野菜や肉をもっぱら素材とするさまざまな料理」となります。

問題・選択肢

スワンレイク・ホテルのレストランは、地元の農家がつくる野菜や肉をもっぱら素材とするさまざまな料理を提供する。

(A) original　形容詞
(B) originally　副詞
(C) originate　動詞
(D) originality　名詞

Q16 正解 (C) 接続詞の選択 ————————————— 難易度 ★★☆

ステップ1

空所の位置は ------ photography is your hobby or full-time job, で、従属節の冒頭にあります。(B) Which は関係代名詞と考えても疑問詞と考えてもこの位置には入りようがないので、まず外せます。

ステップ2

文意はカンマまでが「写真があなたの趣味か正規の仕事である」、カンマの後が「私たちのウェブサイトを通して作品を売って、報酬を得ることができます」です。

ステップ3

or に着目して、「趣味」と「正規の仕事」のどちらも肯定して後ろにつなげるために、**(C) Whether** を選びます。〈whether ... A or B〉は「A であっても、B であっても」という譲歩の意味を表し、後続の主節につなげることができます。(A) That（〜ということ）では主節につながりません。(D) However は譲歩の意味を出して後続の主節につなげることができますが、〈However 形容詞・副詞〜〉の形になります。

問題・選択肢

写真があなたの趣味であっても正規の仕事であっても、私たちのウェブサイトを通して作品を売って、報酬を得ることができます。

(A) That　接続詞
(B) Which　関係代名詞・疑問詞
(C) Whether　接続詞
(D) However　複合関係副詞

目標タイム **50** ▸▸ **40** 秒

DAY 1
DAY 2
DAY 3
DAY 4
DAY 5
DAY 6
DAY 7
DAY 8

Q17

When ------- the product, please carefully follow the instructions included in the package.

(A) launching
(B) boxing
(C) referring
(D) assembling

Ⓐ Ⓑ Ⓒ Ⓓ

	1回目	2回目	3回目
できた …………○ あいまい ………△ できなかった …×	☐	☐	☐

Q18

The style of 1920s cinema is reproduced ------- accurately in Tyler Ashford's new movie, which is a tribute to the silent-film era.

(A) exceptional
(B) exceptionally
(C) exception
(D) except

Ⓐ Ⓑ Ⓒ Ⓓ

	1回目	2回目	3回目
できた …………○ あいまい ………△ できなかった …×	☐	☐	☐

単語の意味

Q17
☐ instructions 图取扱説明書

Q18
☐ reproduce 他再現する
☐ accurately 副正確に
☐ tribute 图賛辞

Q17 正解 (D) 動詞の選択 ―――――――――――― 難易度 ★★☆

ステップ1
空所の位置は When ------ the product, で、適切な動詞の現在分詞を選ぶ問題です。文意は「製品を〜ときには、パッケージに同梱されている取扱説明書に慎重に従ってください」です。

ステップ2
「パッケージに同梱されている取扱説明書に慎重に従う」のは「製品をどうするとき」かを考えます。

ステップ3
(D) assembling を選んで「製品を組み立てるとき」とすれば適切な文意になります。 (A) のように「発売する」ときや (B) のように「箱に入れる」ときに同梱の取扱説明書を読むとは思えません。(C) の refer（参照する）では意味もおかしいうえ、目的語を続けるには前置詞 to が必要です。

問題・選択肢
製品を組み立てるときには、パッケージに同梱されている取扱説明書に慎重に従ってください。

(A) launching　発売する
(B) boxing　箱に入れる
(C) referring　参照する
(D) assembling　組み立てる

Q18 正解 (B) 品詞の識別（副詞）―――――――――― 難易度 ★★☆

ステップ1
空所の位置は The style of 1920s cinema is reproduced ------ accurately で、動詞の後、副詞の前にあります。後ろが副詞なので前置詞の (D) except を入れることはできません。

ステップ2
この部分の文意は「1920年代の映画のスタイルが〜正確に再現されている」です。

ステップ3
副詞は副詞を修飾することもできるので、(B) exceptionally を選べば「並外れて正確に再現されている」と適切な表現になります。 なお、reproduce は第3文型しかとれない動詞なので、受け身にして空所の位置に補語や目的語を置けません。よって、形容詞の (A) や名詞の (C) を入れることは文法的に不可です。もっとも、意味的にも (A) や (C) では文が成立しないことがわかります。

問題・選択肢
サイレント映画時代への賛辞である、タイラー・アシュフォードの新作映画では、1920年代の映画のスタイルが並外れて正確に再現されている。

(A) exceptional　形容詞
(B) exceptionally　副詞
(C) exception　名詞
(D) except　前置詞

Q19

Only applicants with at least three years of managerial experience ------- individuals with a degree in business management will be considered for the position.

(A) that
(B) either
(C) whose
(D) or

Ⓐ Ⓑ Ⓒ Ⓓ

	1回目	2回目	3回目
できた …………○ あいまい ………△ できなかった …×	☐	☐	☐

Q20

As part of their lease agreement, Vernon Estates residents agree to ------- with Allegheny County's recycling regulations.

(A) cooperate
(B) reflect
(C) adhere
(D) comply

Ⓐ Ⓑ Ⓒ Ⓓ

	1回目	2回目	3回目
できた …………○ あいまい ………△ できなかった …×	☐	☐	☐

単語の意味

Q19
☐ managerial 形 管理職の
☐ degree 名 学位

Q20
☐ regulation 名 規則

Q19 正解 (D) 接続詞の選択 ———————— 難易度 ★★☆

ステップ1
空所の位置は Only applicants with at least three years of managerial experience ------ individuals with a degree in business management という長い主語の中にあります。

ステップ2
注目すべき点は、空所の前後に applicants with ～と individuals with ～という形も意味も似通った表現が並んでいることです。

ステップ3
同様の語句同士をつなぐのは等位接続詞の役割なので、(D) or が正解です。or を入れると、「少なくとも3年間の管理職経験のある応募者または経営管理の学位をもつ人」と意味も通ります。主語がどこまでかを見極めれば、接続詞・関係代名詞の (A) that や関係代名詞の (C) whose が入らないことがわかります。(B) either は副詞なので、2つの語句を接続できません。

問題・選択肢
少なくとも3年間の管理職経験のある応募者または経営管理の学位をもつ人だけがこの職位に就くことを検討される。

(A) that　接続詞・関係代名詞　　　(B) either　副詞
(C) whose　関係代名詞　　　　　　(D) or　接続詞

Q20 正解 (D) 動詞の選択 ———————— 難易度 ★★☆

ステップ1
空所の位置は ------ with Allegheny County's recycling regulations にあります。

ステップ2
with を介して、regulations（規則）を目的語にとる動詞が必要です。

ステップ3
「規則」との相性、また前置詞の with を使うところから、(D) comply（守る）が正解です。comply は自動詞で〈comply with 目的語〉の形をとります。(A) cooperate（協力する）は with を使う用法がありますが、文意に合いません。(B) reflect（熟考する）は意味も合わず、他動詞なので前置詞なしで使います。(C) adhere（守る）は意味は合いますが、使う前置詞は to です。

問題・選択肢
賃貸契約の一部として、ヴァーノン・エステーツの住人は、アレジェニー郡のリサイクル規則を守ることに同意する。

(A) cooperate　協力する　　　　(B) reflect　熟考する
(C) adhere　守る　　　　　　　　(D) comply　守る

Q21

The date and place of the next annual meeting are ------- to be decided.

(A) supposed
(B) yet
(C) already
(D) sure

Ⓐ Ⓑ Ⓒ Ⓓ

	1回目	2回目	3回目
できた …………○ あいまい ………△ できなかった …×	☐	☐	☐

Q22

Get today's ------- on name-brand clothing and accessories with Alison Store printable coupons.

(A) orders
(B) awards
(C) deals
(D) purchases

Ⓐ Ⓑ Ⓒ Ⓓ

	1回目	2回目	3回目
できた …………○ あいまい ………△ できなかった …×	☐	☐	☐

単語の意味

Q22
☐ printable 形 印刷できる

Q21 正解 (B) 副詞の選択 ———————————— 難易度 ★★☆

ステップ1

選択肢にはさまざまな過去分詞、副詞、形容詞が混在しています。空所の位置は are ------ to be decided で、be 動詞の後で不定詞の前です。

ステップ2

〈be ～ to be〉の形に注目すると、この形をとれるものは、(A)、(B)、(D) です。(C) already は不可なので、これを外します。

ステップ3

(B) yet は be yet to do で「まだ～しない」の意味になり、ここでは「次の年次会議の日時と場所はまだ決まっていない」と文意が通るので、これが正解です。(A) supposed では「次の年次会議の日時と場所は決められることになっている」と意味をなしません。例えば be decided today など付加情報があれば、正解になります。(D) sure でも「次の年次会議の日時と場所はきっと決められる」とおかしな文意になります。

問題・選択肢

次の年次会議の日時と場所はまだ決まっていない。

(A) supposed　過去分詞（～することになっていて）　　(B) yet　副詞（まだ）

(C) already　副詞（すでに）　　(D) sure　形容詞（きっと）

Q22 正解 (C) 名詞の選択 ———————————— 難易度 ★★☆

ステップ1

空所の位置は Get today's ------ on name-brand clothing and accessories で、この部分の意味は「有名ブランドの服やアクセサリーに本日の～が受けられます」です。

ステップ2

また、with 以下から「アリソン・ストアのプリントできるクーポンがあれば」受けられるものです。

ステップ3

(C) deals は「取引」が原意ですが、店の広告などでは「ディスカウント；値引き」の意味で使うので、これが正解です。(A) orders（注文品）や (D) purchases（購入品）ではディスカウントのニュアンスを出せません。(B) awards は「賞」で、値引きとは別の概念です。

問題・選択肢

アリソン・ストアのプリントできるクーポンがあれば、有名ブランドの服やアクセサリーに本日のディスカウントが受けられます。

(A) orders　注文（品）　　(B) awards　賞

(C) deals　ディスカウント；値引き　　(D) purchases　購入（品）

Q23

After examining the collected customer data, we
------- your firm to carry out another survey.

(A) ask
(B) may ask
(C) must ask
(D) have been asked   Ⓐ Ⓑ Ⓒ Ⓓ

できた …………○ 1回目 2回目 3回目
あいまい ………△ □   □   □
できなかった … ×

Q24

Quite ------- students have complained about
high enrollment fees for the school's cooking
classes.

(A) a little
(B) a few
(C) a lot
(D) small number   Ⓐ Ⓑ Ⓒ Ⓓ

できた …………○ 1回目 2回目 3回目
あいまい ………△ □   □   □
できなかった … ×

単語の意味

Q23
□ examine　他 調査する
□ carry out　〜を実行する

Q24
□ enrollment　名 登録；入学

Q23 正解 (B) 動詞の形 (may + 原形) ━━━━━ 難易度 ★★☆

ステップ1

空所の位置は we ------ your firm to carry out another survey で、この文の述語動詞を選ぶ問題です。

ステップ2

カンマまでの意味は「収集した顧客データを検証した後で」です。検証する主体は we なので、we が「お願いする」はずで、受動態の (D) have been asked は不適です。また、現在形の (A) ask は習慣的な行為を表し、「再調査の実行をお願いする」という 1 回限りの行為には使えません。

ステップ3

〈助動詞 + 原形〉のどちらかですが、**検証の結果は未定なので、(C) must ask のように「お願いしなければならない」と断定はできません。「お願いするかもしれない」と可能性を示す (B) may ask が適切です。**

問題・選択肢

収集した顧客データを検証した後で、私たちは御社に再調査の実行をお願いするかもしれません。

(A) ask 現在形 (原形)　　　　　　(B) may ask　may + 原形

(C) must ask　must + 原形　　　(D) have been asked 現在完了形 (受動態)

Q24 正解 (B) 数量表現 ━━━━━━━━━━━ 難易度 ★★☆

ステップ1

選択肢にはさまざまな数量を表す語句が並んでいます。空所の位置は Quite ------ students で、空所は Quite と複数の名詞に挟まれています。

ステップ2

quite と結びついて students を修飾できるかどうかがポイントです。

ステップ3

(B) a few は quite a few とできて、「数がかなりたくさんの」の意味を表し、後ろの複数名詞の students を修飾できるので、これが正解です。

(A) a little で quite a little とすると次には量を表す名詞がこないといけません。(C) a lot の lot は名詞なので、このままでは名詞につなげることができません。quite a lot of とすればOKです。(D) small number も number が名詞なので直後に名詞を続けられません。

問題・選択肢

その学校の料理クラスに支払う高額の登録費にかなり多くの生徒が不満を表明している。

(A) (quite) a little　量がかなり多くの　(B) (quite) a few　数がかなり多くの

(C) a lot　たくさん　　　　　　　　　(D) small number　少数

Q25

The afternoon workshop will begin with a -------
review of points taught in the morning session.

- (A) previous
- (B) brief
- (C) slight
- (D) marked

Ⓐ Ⓑ Ⓒ Ⓓ

できた …………○ 1回目 2回目 3回目
あいまい ………△
できなかった … ×

Q26

In summer, the Green Mountains are a popular
------- for residents of Middlesburg seeking to get
away from the city for the weekend.

- (A) destination
- (B) venue
- (C) shelter
- (D) occasion

Ⓐ Ⓑ Ⓒ Ⓓ

できた …………○ 1回目 2回目 3回目
あいまい ………△
できなかった … ×

単語の意味

Q25
□ review 名復習

Q26
□ seek to ～しようとする
□ get away from ～から抜け出す

Q25　正解 (B)　形容詞の選択 ──────────── 難易度 ★★☆

ステップ1

空所の位置は a ------- review of points で、review にかかる形容詞を探す問題です。

ステップ2

文意は「午後のワークショップは午前のセッションで教えられた要点の〜復習から始まる」です。

ステップ3

「午前のセッションで教えられた要点のどんな復習」かと考えると、(B) brief（簡単な）が文意に合います。(A) previous（前の）では、review と意味的に重複します。(C) slight は「軽い→取るに足らない」のニュアンスで不適です。(D) marked は「顕著な；著しい」の意味で、ここの空所に入れる理由がありません。

問題・選択肢

午後のワークショップは午前のセッションで教えられた要点の簡単な復習から始まる。

(A) previous　前の

(B) brief　簡単な

(C) slight　軽い

(D) marked　顕著な

Q26　正解 (A)　名詞の選択 ──────────── 難易度 ★★☆

ステップ1

空所は the Green Mountains are a popular ------- で、「グリーン山脈」を表現できる名詞が必要です。

ステップ2

文意は「夏の間、グリーン山脈は、週末に都市を抜け出そうとするミドルズバーグの住民にとって人気のある〜となる」なので、「都市を抜け出したい住民」が行くところです。

ステップ3

(A) destination には「行き先；目的地」の意味があり、これが文脈に合います。(B) venue はイベントなどの「開催場所」の意味で、「山脈」には合いません。(C) shelter は「避難所」の意味で、「保養地」のニュアンスはありません。(D) occasion は「機会；行事」を意味し、場所を表現することはできません。

問題・選択肢

夏の間、グリーン山脈は、週末に都市を抜け出そうとするミドルズバーグの住民にとって人気のある行き先となる。

(A) destination　行き先

(B) venue　開催場所

(C) shelter　避難所；住まい

(D) occasion　機会；行事

Q27

If an employee loses a security badge, a replacement fee of $13 ------- from the next paycheck.

(A) will deduct
(B) has been deducted
(C) will be deducted
(D) deducts　　　　　　　　　　　　Ⓐ Ⓑ Ⓒ Ⓓ

	1回目	2回目	3回目
できた …………○ あいまい ………△ できなかった …×	☐	☐	☐

Q28

At her retirement dinner, the company presented Ms. Suzuki with a special plaque in ------- of her many years of outstanding service.

(A) progress
(B) recognition
(C) employment
(D) significance　　　　　　　　　　Ⓐ Ⓑ Ⓒ Ⓓ

	1回目	2回目	3回目
できた …………○ あいまい ………△ できなかった …×	☐	☐	☐

単語の意味

Q27
☐ replacement 名交換（品）
☐ paycheck 名給与

Q28
☐ plaque 名表彰盾
☐ outstanding 形際だった

Q27 正解 (C) 動詞の形 (未来形・受動態) ——— 難易度 ★★☆

ステップ1

空所はカンマの後の主節にあり、a replacement fee of $13 ------ from the next paycheck となっています。

ステップ2

deduct は「天引きする」の意味で、「13ドルの交換品の手数料が次の給与から天引きされる」と受け身になるはずです。よって、能動態の (A) と (D) は不可です。

ステップ3

この文の前半は if で始まり条件を表します。「もし社員が安全バッジを紛失した場合には」なので、主節はこれからのことを表すので未来形が適当です。(C) will be deducted が正解です。(B) has been deducted の現在完了では、すでに天引きが行われたことになり if 節とつじつまが合いません。

問題・選択肢

もし社員が安全バッジを紛失した場合には、13ドルの交換品の手数料が次の給与から天引きされる。

(A) will deduct　未来形 (能動態)

(B) has been deducted　現在完了形 (受動態)

(C) will be deducted　未来形 (受動態)

(D) deducts　現在形 (能動態)

Q28 正解 (B) 名詞の選択 ——————— 難易度 ★★☆

ステップ1

空所は後半の in ------ of her many years of outstanding service の部分にあり、ここは「長年の際だった仕事ぶりへの〜」の意味です。

ステップ2

in の前までは「スズキさんの退職ディナーで、会社は彼女に特別な表彰盾を授与した」です。

ステップ3

〈in 〜 of〉の形で使うことにも着目して、(B) recognition (感謝) を入れると「長年の際だった仕事ぶりへの感謝として」となり、文意が通ります。他の選択肢は〈in 〜 of〉の形の用法がなく、また意味的にも合いません。

問題・選択肢

スズキさんの退職ディナーで、会社は長年の際だった仕事ぶりへの感謝として、彼女に特別な表彰盾を授与した。

(A) progress　進歩

(B) recognition　感謝；評価

(C) employment　雇用

(D) significance　重要性

DAY 1
DAY 2
DAY 3
DAY 4
DAY 5
DAY 6
DAY 7
DAY 8

Q29

------- the traditional pizza for which it is famous, Biello's has an excellent selection of Italian desserts.

(A) As for
(B) Contrary to
(C) Even more
(D) In addition to

Ⓐ Ⓑ Ⓒ Ⓓ

	1回目	2回目	3回目
できた………○ あいまい………△ できなかった…×	☐	☐	☐

Q30

Mary Bright, who participated in the networking seminar last weekend, intends to ------- her experience to colleagues.

(A) speak
(B) lecture
(C) communicate
(D) share

Ⓐ Ⓑ Ⓒ Ⓓ

	1回目	2回目	3回目
できた………○ あいまい………△ できなかった…×	☐	☐	☐

単語の意味

Q30
□ networking seminar　人脈作りセミナー
□ colleague　名同僚

Q29 正解 (D) イディオムの選択 ───────────── 難易度 ★★☆

ステップ1
空所の位置は ------ the traditional pizza for which it is famous, で、前半の文の冒頭にあります。空所の次は名詞の要素なので、入るのは前置詞系のイディオムです。(C) Even more（さらにもっと）は副詞として使うので、この位置には入りません。

ステップ2
文意は前半が「それで有名である伝統的なピザ〜」、後半は「ビエロズは精選されたすばらしいイタリアのデザートを提供する」です。

ステップ3
「付加」の意味の (D) In addition to（〜に加えて）を入れると文意が通るので、これが正解になります。(A) As for（〜については）や (B) Contrary to（〜に反して）では前後半がうまくつながりません。

問題・選択肢
それで有名である伝統的なピザに加えて、ビエロズは精選されたすばらしいイタリアのデザートを提供する。

(A) As for　〜については　　　　　(B) Contrary to　〜に反して
(C) Even more　さらにもっと　　　(D) In addition to　〜に加えて

Q30 正解 (C) 動詞の選択 ───────────── 難易度 ★★★

ステップ1
空所の位置は intends to ------ her experience to colleagues で、この部分の意味は「彼女の経験を同僚たちに〜つもりだ」です。

ステップ2
選択肢には「話す」「講義する」「伝える」「共有する」の意味の動詞が並び、絞りきれないので、語法の観点から検討します。

ステップ3
空所の動詞は〈V 事 to 人〉の形をとれないといけません。この形をとれるのは (C) communicate だけなので、これが正解になります。(A) speak は自動詞で〈speak to 人〉の形がとれますが、他動詞では〈speak 事〉の形だけです。(B) lecture は〈V 人 on/about 事〉の形です。(D) share は〈share 事 with 人〉で使います。

問題・選択肢
先週末の人脈作りセミナーに参加したメアリー・ブライトは、彼女の経験を同僚たちに伝えるつもりだ。

(A) speak　話す　　　　　　　　(B) lecture　講義する
(C) communicate　伝える　　　　(D) share　共有する

DAY 7

実戦練習 No.2

30問

解答時間

730点目標：**12分30秒**
高得点目標：**10分**

✓ 「実戦練習」では、Part 5 に出る全種の問題をランダムに出題しています。本番の Part 5 を解くつもりで、時間も意識しながら解答してみましょう。

✓ 問題を解いたら、解説を読んでしっかり理解しておきましょう。また、日をおいて、2回、3回とトライしてみましょう。

Q1

In the space below, please list all of the foreign countries ------- visited in the previous twelve months before arriving in Russia.

(A) you
(B) yours
(C) your
(D) yourself

Ⓐ Ⓑ Ⓒ Ⓓ

	1回目	2回目	3回目
できた …………○ あいまい ………△ できなかった …×	☐	☐	☐

Q2

The repairs to the library's roof, which was damaged in last month's storm, are almost -------.

(A) completing
(B) complete
(C) completely
(D) completion

Ⓐ Ⓑ Ⓒ Ⓓ

	1回目	2回目	3回目
できた …………○ あいまい ………△ できなかった …×	☐	☐	☐

単語の意味

Q1
☐ list 他 列挙する

Q2
☐ repair 名 修理

Q1 正解 (A) 代名詞 (主格) ——————————— 難易度 ★☆☆

ステップ1

選択肢には you のさまざまな格が並んでいます。空所の位置は please list all of the foreign countries ------ visited in the previous twelve months です。

ステップ2

all of the foreign countries は、関係詞節である〈(省略された目的格の関係代名詞) ------- visited〉の先行詞になっていると考えられます。よって、空所に入るのは主語になれる形です。

ステップ3

主格の (A) you が正解です。 所有代名詞も主語にはなれますが、visited に意味的につながらないので (B) は不可です。

問題・選択肢

下のスペースに、ロシアを訪れる前の2カ月間にあなたが訪問した外国をすべて列挙してください。

(A) you　主格

(B) yours　所有代名詞

(C) your　所有格

(D) yourself　再帰代名詞

Q2 正解 (B) 品詞の識別 (形容詞) ——————————— 難易度 ★☆☆

ステップ1

空所は文尾にありますが、この文はカンマで which 節が挿入されていて、この部分を除くと、The repairs to the library's roof are almost ------. という構造です。

ステップ2

almost は副詞なので、〈S V C〉の補語Cの要素がありません。また、almost で修飾されることも考えると、形容詞に絞れます。

ステップ3

選択肢で形容詞は (B) complete (完了した) です。「図書館の屋根の修理はほとんど完了している」と意味も通ります。 complete は動詞も同形 (完了する) なので混乱しないように。

問題・選択肢

先月の暴風雨で被害を受けた図書館の屋根の修理はほとんど完了している。

(A) completing　現在分詞

(B) complete　形容詞

(C) completely　副詞

(D) completion　名詞

Q3

------- the cars set to be unveiled at the World Auto Show, Gluck Motors' new electric vehicle, Chispe, is the most hotly anticipated.

(A) Through
(B) If
(C) Where
(D) Among

Ⓐ Ⓑ Ⓒ Ⓓ

	1回目	2回目	3回目
できた …………○ あいまい ………△ できなかった …×			

Q4

The director Lynne Goh ------- at the Singapore Film Festival to promote her newest movie, *Fugitives*.

(A) extended
(B) resumed
(C) appeared
(D) seemed

Ⓐ Ⓑ Ⓒ Ⓓ

	1回目	2回目	3回目
できた …………○ あいまい ………△ できなかった …×			

単語の意味

Q3
□ unveil 他発表する
□ electric vehicle 電気自動車
□ anticipate 他期待する

Q4
□ fugitive 名逃亡者

Q3 正解 (D)　前置詞の選択 ─────────── 難易度 ★★☆

ステップ1

空所の位置は ------ the cars set to be unveiled at the World Auto Show, で、空所の次に名詞が続いています。よって、空所に入るのは前置詞です。ここから、接続詞の (B) If と関係副詞の (C) Where を外せます。

ステップ2

文意を考えると、カンマまでの前半は「ワールド・オート・ショーで発表される予定の車」、後半は「グラック・モーターズの新しい電気自動車である「チスプ」は一番期待が高い」。

ステップ3

後半の文では最上級が使われているので、「～の中で最も～」という構造が想定できます。(D) Among は「～の中で」の意味の前置詞で、これが正解です。(A) Through は「～を通して」で「通過」「期間」などを表す前置詞で、この空所に入れることはできません。

問題・選択肢

グラック・モーターズの新しい電気自動車である「チスプ」は、ワールド・オート・ショーで発表される予定の車の中で一番期待が高い。

(A) Through　前置詞（～を通して）　　(B) If　接続詞（もし～なら）
(C) Where　関係副詞（～のところで）　(D) Among　前置詞（～の中で）

Q4　正解 (C)　動詞の選択 ─────────── 難易度 ★★☆

ステップ1

空所は述語動詞の位置にあり、「映画監督のリン・ゴーがシンガポール・フィルム・フェスティバルにどうしたか」を考えます。

ステップ2

ヒントは to 不定詞以下の「彼女の最新作の映画『逃亡者』を宣伝するために」です。

ステップ3

(C) appeared を選ぶと、「フィルム・フェスティバルに現れた」となり、文意が通ります。(A) extended や (B) resumed は、festival は延長したり再開したりできるので、そこを狙ったひっかけの選択肢で、どちらも文脈に合いません。(D) seemed（～のようだった）では映画監督の行動になりません。

問題・選択肢

映画監督のリン・ゴーは、彼女の最新作の映画『逃亡者』を宣伝するために、シンガポール・フィルム・フェスティバルに現れた。

(A) extended　延長した　　　　　(B) resumed　再開した
(C) appeared　現れた　　　　　　(D) seemed　～のようだった

Q5

The new personnel director of Homejoy, Inc., plans to implement a yearly job-satisfaction ------- for all employees.

(A) quest
(B) celebration
(C) duty
(D) survey

Ⓐ Ⓑ Ⓒ Ⓓ

できた …………○
あいまい ………△
できなかった …×

1回目	2回目	3回目

Q6

Mr. Peterson ------- that the factory floor be cleaned up on Friday to welcome tour guests next week.

(A) requests
(B) to request
(C) requesting
(D) having requested

Ⓐ Ⓑ Ⓒ Ⓓ

できた …………○
あいまい ………△
できなかった …×

1回目	2回目	3回目

単語の意味

Q5
□ personnel 名 人事部
□ implement 他 実行する

Q6
□ factory floor 工場の生産現場

Q5 正解 (D) 名詞の選択 ━━━━━━━━━━━━━ 難易度 ★★☆

ステップ1

空所の位置は implement a yearly job-satisfaction ------ for all employees で、implement（実施する）の目的語になる名詞を選ぶ問題です。

ステップ2

空所の前後の意味は「全社員を対象とした年次の仕事満足度〜」です。

ステップ3

(D) survey（調査）を選ぶと job-satisfaction survey（仕事満足度調査）と文意に合うので、これが正解です。(A) quest（探求）、(B) celebration（祝賀会）、(C) duty（業務）はいずれも job-satisfaction と結びついて適切な表現をつくれません。

問題・選択肢

ホームジョイ社の新しい人事部長は、全社員を対象に年次の仕事満足度調査を実施する計画をしている。

(A) quest　探求 　　　　　　　　 (B) celebration　祝賀会

(C) duty　業務 　　　　　　　　　 (D) survey　調査

Q6 正解 (A) 動詞の形（現在形）━━━━━━━━ 難易度 ★☆☆

ステップ1

空所の位置は Mr. Peterson ------ that 〜で、主語と that 節の間にあります。

ステップ2

この that 節は the factory floor be cleaned up on Friday to welcome tour guests next week と、文尾まで続いています。

ステップ3

Mr. Peterson を主語とするこの文には述語動詞がないので、述語動詞の形の (A) requests が正解になります。

問題・選択肢

ピーターソンさんは、来週に見学者を迎えるために、金曜日には工場の生産現場の清掃をすることを求めている。

(A) requests　現在形（三単現） 　　(B) to request　不定詞

(C) requesting　現在分詞 　　　　　(D) having requested　現在分詞（完了形）

Q7

Declining advertising revenue was a key ------- in the Holbrook Times' decision to stop publishing a print newspaper edition.

(A) article
(B) factor
(C) remark
(D) objective

Ⓐ Ⓑ Ⓒ Ⓓ

	1回目	2回目	3回目
できた …………○ あいまい ………△ できなかった …×	☐	☐	☐

Q8

Northern Lights Airlines' lost baggage ------- asks passengers to describe their missing suitcases.

(A) form
(B) forms
(C) forming
(D) formed

Ⓐ Ⓑ Ⓒ Ⓓ

	1回目	2回目	3回目
できた …………○ あいまい ………△ できなかった …×	☐	☐	☐

単語の意味

Q7
☐ revenue　名 収入
☐ edition　名 版

Q8
☐ baggage　名 荷物
☐ describe　他 描写する
☐ missing　形 なくなった；紛失した

Q7 正解 (B)　名詞の選択 ──────────── 難易度 ★☆☆

ステップ1
空所の位置は a key ─── で、空所に入るのは key（主要な）と一緒に使う名詞とわかりますが、これだけでは絞りきれません。

ステップ2
前後を見ると、主語は「広告収入の減少」、in 以下は「『ホルブルック・タイムズ』が新聞の印刷版の出版をやめる決断で」となっています。

ステップ3
(B) factor（要因）を入れると、「広告収入の減少が、『ホルブルック・タイムズ』が新聞の印刷版の出版をやめる決断をした主な要因だった」となって前後がうまくつながります。(A) article は、この文が新聞についてのものなので、そこから誘導するひっかけの選択肢です。また、「広告収入の減少」は remark（意見）やobjective（目標）にはなりえないので、(C) も (D) も誤りです。

問題・選択肢
広告収入の減少が、『ホルブルック・タイムズ』が新聞の印刷版をやめる決断をした主な要因だった。

(A) article　記事
(B) factor　要因
(C) remark　意見
(D) objective　目標

Q8 正解 (A)　品詞の識別（名詞） ──────── 難易度 ★☆☆

ステップ1
選択肢に使われている form は名詞で「申請用紙」、動詞で「作成する」の意味です。空所の位置は Northern Lights Airlines' lost baggage ─── asks passengers となっています。

ステップ2
動詞はすでに asks があるので、動詞の可能性はありません。また、lost baggage が主語のままでは asks につながらないので、名詞の form（申請用紙）を主語にしないといけないことがわかります。

ステップ3
名詞は (A) form と (B) forms がありますが、asks は三単現の s があるので、単数の (A) が正解です。なお、動名詞と考えた場合の (C) ですが、「紛失荷物の作成」と適切な表現になりません。

問題・選択肢
ノーザンライツ航空の紛失荷物申請用紙は、乗客になくなったスーツケースを描写することを求めている。

(A) form　名詞（単数）・動詞（原形）
(B) forms　名詞（複数）・動詞（三単現）
(C) forming　現在分詞・動名詞
(D) formed　過去形・過去分詞

Q9

As a popular tourist destination, Mezalo City has a wide range of accommodation options that ------- in terms of both price and quality.

- (A) vary
- (B) variably
- (C) variability
- (D) variable

Ⓐ Ⓑ Ⓒ Ⓓ

		1回目	2回目	3回目
できた ………… ○				
あいまい ……… △		□	□	□
できなかった … ×				

Q10

Levitt Corporation has been ------- praised for its leadership in promoting eco-friendly business practices.

- (A) durably
- (B) closely
- (C) widely
- (D) firmly

Ⓐ Ⓑ Ⓒ Ⓓ

		1回目	2回目	3回目
できた ………… ○				
あいまい ……… △		□	□	□
できなかった … ×				

単語の意味

Q9
□ accommodation 名宿泊施設
□ in terms of ～の点で；～の面で

Q10
□ praise 他称賛する
□ eco-friendly 形環境に優しい

Q9　正解 (A)　品詞の識別（動詞）——————————— 難易度 ★★☆

ステップ1
空所の位置は a wide range of accommodation options that ------- in terms of both price and quality です。

ステップ2
ポイントは that が accommodation options を先行詞とする関係代名詞であるのを見抜くことです。これがわかれば、that 以降の節に述語動詞がないことに気づくはずです。

ステップ3
よって、入るのは動詞の (A) vary です。vary は自動詞で「多様である」の意味なので、目的語は不要です。

問題・選択肢
人気のある旅行先として、メザロ市は、価格と品質の両面で<u>多様である</u>幅広い宿泊施設の選択肢をもっている。

(A) vary　動詞（原形）

(B) variably　副詞

(C) variability　名詞

(D) variable　形容詞

Q10　正解 (C)　副詞の選択 ——————————— 難易度 ★★☆

ステップ1
空所の位置は Levitt Corporation has been ------ praised で、praised（称賛されて）を修飾する副詞を探します。

ステップ2
for 以下は「環境に優しいビジネス慣行の推進を主導しているとして」の意味です。

ステップ3
praised との親和性からも、また全体の文意からも (C) widely（幅広く）が適切です。他の選択肢はどれも praised との相性も悪く、文脈にも合いません。

問題・選択肢
レヴィット・コーポレーションは、環境に優しいビジネス慣行の推進を主導しているとして<u>幅広く</u>称賛されている。

(A) durably　長持ちして

(B) closely　緊密に

(C) widely　幅広く

(D) firmly　しっかりと

Q11

The current auto check-in system will be transformed into an advanced and much simpler -------.

- (A) it
- (B) that
- (C) one
- (D) another

Ⓐ Ⓑ Ⓒ Ⓓ

	1回目	2回目	3回目
できた …………○ あいまい ………△ できなかった …×	☐	☐	☐

Q12

Free ------- will be served during the networking event held after the panel discussion.

- (A) refreshments
- (B) estimates
- (C) statements
- (D) activities

Ⓐ Ⓑ Ⓒ Ⓓ

	1回目	2回目	3回目
できた …………○ あいまい ………△ できなかった …×	☐	☐	☐

単語の意味

Q11
☐ transform 他 転換する
☐ advanced 形 先進的な

Q12
☐ panel discussion
　公開討論会；パネルディスカッション

Q11　正解 (C)　不定代名詞 one ───────── 難易度 ★★☆

ステップ1

空所の位置は an advanced and much simpler ------ で、空所は advanced and much simpler に修飾されています。

ステップ2

will be transformed into は「〜に転換される」なので、〈The current auto check-in system〉 → 〈an advanced and much simpler ------〉ということです。

ステップ3

つまり、空所には system が入ると考えられ、これを代名詞に変えると不定代名詞の (C) one が適切です。(A) it や (B) that のふつうの代名詞は形容詞で修飾することができません。(D) another（別のもの）では system の代用になりません。

問題・選択肢

現在の自動チェックイン・システムは、先進的でもっと簡単なものに転換される。

(A) it　代名詞　　　　　　　　　　　(B) that　代名詞

(C) one　不定代名詞　　　　　　　　(D) another　不定代名詞

Q12　正解 (A)　名詞の選択 ───────── 難易度 ★☆☆

ステップ1

空所の位置は Free ------ will be served で、「無料の〜が提供される」の意味です。

ステップ2

また、during 以下から「パネルディスカッションの後に行われる交流イベントの間」に提供されるものでもあります。

ステップ3

これらから、(A) refreshments（軽食）が最適です。(B) estimates（見積もり）や (C) statements（明細書）も無料かもしれませんが、交流イベントの間に提供されるのには違和感があります。(D) activities（活動）は served とうまく結びつきません。

問題・選択肢

パネルディスカッションの後に行われる交流イベントの間、無料の軽食が提供されます。

(A) refreshments　軽食　　　　　　(B) estimates　見積もり

(C) statements　明細書　　　　　　(D) activities　活動

Q13

Hurry up ------- register for the Nagano Women's Run, which has fewer than 200 slots left now.

(A) so that
(B) or
(C) and
(D) before

Ⓐ Ⓑ Ⓒ Ⓓ

できた ……… ○　1回目　2回目　3回目
あいまい ……… △
できなかった … ×

Q14

Differences between the two cultures of the merged companies can be ------- if they continue to communicate for a certain period.

(A) bridged
(B) cooperated
(C) associated
(D) made

Ⓐ Ⓑ Ⓒ Ⓓ

できた ……… ○　1回目　2回目　3回目
あいまい ……… △
できなかった … ×

単語の意味

Q13
□ register for　〜に登録する
□ slot　名枠

Q14
□ merge　他合併する

Q13 正解 (C) 接続詞の選択 ──────────── 難易度 ★★☆

ステップ1

選択肢にはさまざまな接続詞が並んでいます。空所の位置は Hurry up ------ register で2つの動詞の間です。

ステップ2

文意を見ると、空所の前は「急ぐ」、空所の後は「長野女性マラソンにご登録ください。その登録枠は今では200人を切っています」です。

ステップ3

「急いで→登録する」という流れをつくればいいので、順接の等位接続詞の (C) and を選びます。(A) so that や (D) before は従位接続詞として使うので、後ろに〈S V〉のある文が続かないといけません。(B) or（または）は等位接続詞ですが、Hurry up と register を取捨選択することになり、文意に合いません。

問題・選択肢

急いで長野女性マラソンにご登録ください。その登録枠は今では200人を切っています。

(A) so that　〜のために　　　　　(B) or　または
(C) and　そして　　　　　　　　　(D) before　〜の前に

Q14 正解 (A) 動詞の選択 ──────────── 難易度 ★★★

ステップ1

空所の位置は Differences between the two cultures of the merged companies can be ------ です。

ステップ2

全体の文意は「合併された会社の2つの文化の違いは、もし彼らが一定期間、交流を続けるなら〜」です。

ステップ3

主語の Differences（違い）に呼応することを考えると、(A) bridged が適切です。動詞の bridge には「違い・ギャップなどを埋める」という用法があります。他の選択肢の動詞は意味的に Differences と呼応しません。なお、(B) の cooperate は自動詞なので受け身にできず、選択肢は過去形です。

問題・選択肢

合併された会社の2つの文化の違いは、もし彼らが一定期間、交流を続けるなら、埋められる。

(A) bridged　埋められる　　　　　(B) cooperated　協力した
(C) associated　提携している　　　(D) made　つくられる

Q15

Owing to the ------- of its construction, Hartwell Castle remains in excellent condition centuries after it was built.

(A) feasibility
(B) speediness
(C) diversity
(D) solidity

Ⓐ Ⓑ Ⓒ Ⓓ

できた …………○ 1回目 2回目 3回目
あいまい ………△
できなかった …×

Q16

The cost for transportation in this estimate is ------- to change depending on availability.

(A) subject
(B) subjects
(C) subjecting
(D) subjection

Ⓐ Ⓑ Ⓒ Ⓓ

できた …………○ 1回目 2回目 3回目
あいまい ………△
できなかった …×

単語の意味

Q15
□ owing to 〜という理由で

Q16
□ estimate 名 見積もり
□ availability 名 需要状況

Q15 　正解 (D) 　名詞の選択 ―――――――――― 難易度 ★★☆

ステップ1
空所の位置は Owing to the ------- of its construction, で、この部分は「その建築の〜という理由から」です。

ステップ2
カンマの後の文意は「ハートウェル城は、築造後数世紀を経てもしっかりした状態である」です。

ステップ3
城が数世紀もしっかりしているのは、建築の solidity（堅牢性）によると考えられます。(D) が正解です。他の選択肢の名詞はどれも全体の文意に合いません。

問題・選択肢

その建築の堅牢性から、ハートウェル城は、築造後数世紀を経てもしっかりした状態である。

(A) feasibility 　実現可能性 　　　　(B) speediness 　迅速性
(C) diversity 　多様性 　　　　　　　(D) solidity 　堅牢性

Q16 　正解 (A) 　品詞の識別（形容詞）―――――― 難易度 ★★☆

ステップ1
選択肢にさまざまな形が並ぶ subject は名詞で「主題」、形容詞で「〜を被りやすい」、動詞で「従属させる」の意味があります。問題文は、The cost for transportation in this estimate が主語で、空所の位置は is ------- to change となっています。

ステップ2
文意は「この見積もりの運送費は、需要状況に応じて変更される〜」です。

ステップ3
subject を形容詞と考えると、「変化を被りやすい」→「変更されることがある」となり、意味が通るようになります。よって、(A) が正解です。動詞 subject は目的語に不定詞をとる用法がなく、また意味的にもおかしいので、現在分詞の (C) subjecting は不可です。同様に (B) subjects は動詞として不可で（is とも重複する）、名詞でも意味が通りません。(D) の subjection では、「運送費が従属だ」となり、こちらも意味が通りません。

問題・選択肢

この見積もりの運送費は、需要状況に応じて変更されることがあります。

(A) subject 　形容詞・名詞 　　　　　(B) subjects 　名詞・動詞（三単現）
(C) subjecting 　現在分詞 　　　　　　(D) subjection 　名詞

Q17

Wrap ------- small ornaments in bubble wrap to prevent them being damaged.

   (A) durable
   (B) fragile
   (C) competent
   (D) industrial   Ⓐ Ⓑ Ⓒ Ⓓ

できた …………○　1回目　2回目　3回目
あいまい ………△　　□　　□　　□
できなかった …×

Q18

After disposing of expired food from the stockroom, the ------- should be examined.

   (A) luggage
   (B) balance
   (C) inventory
   (D) logistics   Ⓐ Ⓑ Ⓒ Ⓓ

できた …………○　1回目　2回目　3回目
あいまい ………△　　□　　□　　□
できなかった …×

単語の意味

Q17
□ ornament　名 装飾品
□ bubble wrap　気泡シート；
　　　　　　　プチプチ

Q18
□ dispose of　～を処分する；～を廃棄する
□ expired　形 賞味期限の切れた
□ stockroom　名 倉庫

221

Q17 　正解 (B) 　形容詞の選択 ─────── 難易度 ★★☆

ステップ1

空所の位置は Wrap ------- small ornaments in bubble wrap で、入るべき形容詞は small ornaments（小さな装飾品）を修飾するものです。bubble wrap は「気泡シート」、いわゆる「プチプチ」のことです。

ステップ2

to 以下の文意は「損傷するのを防ぐために」で、そのために「プチプチで包装しなければならない装飾品はどんなものか」を考えます。

ステップ3

(B) fragile（壊れやすい）がぴったりです。(A) durable（耐久性のある）では逆の意味になってしまいます。(C) competent（能力のある）や (D) industrial（産業の）はこの文脈に合いません。

問題・選択肢

壊れやすい小さな装飾品は、損傷するのを防ぐために、プチプチで包装してください。

(A) durable　耐久性のある　　　　　　(B) fragile　壊れやすい

(C) competent　能力のある　　　　　　(D) industrial　産業の

Q18 　正解 (C) 　名詞の選択 ─────── 難易度 ★★☆

ステップ1

空所はカンマの後にあり、the ------- should be examined となっています。空所に入るのは「調べるべき」ものです。

ステップ2

カンマの前は「倉庫から賞味期限の切れた食品を処分した後に」の意味です。

ステップ3

倉庫や食品という言葉から調べるべきものは (C) inventory（在庫）と判断できます。(D) logistics は「物流管理」の意味で、調べる対象になりません。(A) luggage（荷物）や (B) balance（残高）はこの文脈に合いません。

問題・選択肢

倉庫から賞味期限の切れた食品を処分した後に、在庫を調べるべきだ。

(A) luggage　荷物　　　　　　　　　　(B) balance　残高

(C) inventory　在庫　　　　　　　　　(D) logistics　物流管理

Q19

A grant from the Norton Auto Company helped ------- for the Detroit Municipal Opera's current season.

- (A) paid
- (B) to pay
- (C) to be paid
- (D) paying

Ⓐ Ⓑ Ⓒ Ⓓ

	1回目	2回目	3回目
できた ……… ○ あいまい ……… △ できなかった … ×	☐	☐	☐

Q20

For many companies today, social media is the most effective means of ------- information to customers.

- (A) conveys
- (B) conveyed
- (C) conveyance
- (D) conveying

Ⓐ Ⓑ Ⓒ Ⓓ

	1回目	2回目	3回目
できた ……… ○ あいまい ……… △ できなかった … ×	☐	☐	☐

単語の意味

Q19
- ☐ grant 名 助成金
- ☐ municipal 形 市町の

Q20
- ☐ effective 形 効果的な

Q19　正解 (B)　動詞の形（不定詞）── 難易度 ★★☆

ステップ1

空所の位置は helped ------ for the Detroit Municipal Opera's current season で、動詞 helped に続く部分にあります。

ステップ2

「助ける；支援する」の意味の help に直接動詞を続ける方法は2通りあり、〈help to do〉と不定詞にするか、〈help do〉と原形にするかです。動名詞は使えないので (D) は不可です。過去分詞も続けられず (A) も誤答。

ステップ3

不定詞の **(B) to pay** か **(C) to be paid** かですが、主語の **grant**（助成金）は「デトロイト市営オペラの今期分の支払いをするのに役立った」と考えられるので、能動態の **(B)** が正解です。

問題・選択肢

ノートン・オート・カンパニーの助成金は、デトロイト市営オペラの今期分の支払いをするのに役立った。

(A) paid　過去分詞
(B) to pay　不定詞（能動態）
(C) to be paid　不定詞（受動態）
(D) paying　動名詞

Q20　正解 (D)　品詞の識別（動名詞）── 難易度 ★☆☆

ステップ1

空所の位置は the most effective means of ------- information to customers で、前置詞の後、名詞の前です。この位置に動詞が入ることはないので、まず動詞三単現の形の (A) conveys を外せます。

ステップ2

動詞 convey は「伝える」の意味で、空所の後の information to customers とつながって「顧客に情報を伝える」になると推測できます。

ステップ3

動名詞の **(D) conveying** を選べば、「顧客に情報を伝える」という動詞の機能をもたせながら、**of** の後ろに置くことができます。これが正解。過去分詞の (B) conveyed では information を修飾できても前後とつながりません。名詞の (C) conveyance もここに入れても前後どちらともつながりません。

問題・選択肢

現在では多くの会社にとって、ソーシャルメディアは顧客に情報を伝える最も効果的な方法だ。

(A) conveys　動詞（三単現）
(B) conveyed　過去分詞
(C) conveyance　名詞
(D) conveying　動名詞

⏱目標タイム **50**▸▸**40**秒

D A Y 1
D A Y 2
D A Y 3
D A Y 4
D A Y 5
D A Y 6
D A Y 7
D A Y 8

Q21

Despite construction delays, the contractor remains ------- that the new stadium will be finished before the start of next season.

(A) distinct
(B) unsure
(C) confident
(D) convincing

Ⓐ Ⓑ Ⓒ Ⓓ

できた ………… ○　1回目　2回目　3回目
あいまい ……… △　□　　□　　□
できなかった … ×

Q22

If Hwa Long Textiles declines our offer, ------- we will seek an alliance with another clothing manufacturer.

(A) even so
(B) still
(C) then
(D) further

Ⓐ Ⓑ Ⓒ Ⓓ

できた ………… ○　1回目　2回目　3回目
あいまい ……… △　□　　□　　□
できなかった … ×

単語の意味

Q21
□ contractor　名 請負業者

Q22
□ seek　他 探る
□ alliance　名 提携

Q21 正解 (C) 形容詞の選択 ──────── 難易度 ★★☆

ステップ1
空所の位置は the contractor remains ------ that ～で、補語の位置にくる形容詞で that 節を導くものです。その that 節は「新スタジアムが次のシーズンの開始前に完成すること」です。

ステップ2
文頭に「建設が遅れているが」とあるので、空所にはポジティブな意味の形容詞が入り、that 節につなげなければなりません。

ステップ3
ポジティブな意味でかつ that 節を導ける形容詞は (C) confident（自信をもって）なので、これが正解です。(B) unsure（確信がなく）は that 節を導けますが、ネガティブな意味なので不可です。(A) distinct（明瞭な）と (D) convincing（説得力のある）は that 節を導けません。なお、convinced なら that 節を導けて「確信して」の意味で正解になります。

問題・選択肢
建設が遅れているが、請負業者は、新スタジアムが次のシーズンの開始前に完成することにまだ自信をもっている。

(A) distinct　明瞭な　　　　　　　(B) unsure　確信がなく
(C) confident　自信をもって　　　　(D) convincing　説得力のある

Q22 正解 (C) 副詞の選択 ──────── 難易度 ★★☆

ステップ1
カンマまでは「もしホアロン・テキスタイルズが我々のオファーを断ったら」で、空所の後は「他の衣料品メーカーとの提携を模索しよう」です。

ステップ2
空所の部分なしでも文は成立するので、空所には軽いニュアンスのつなぎ言葉が入ります。

ステップ3
(C) then は「そのときには」と判断の結果を示す用法があり、これが文意に合います。(A) even so は「それにもかかわらず」の意味で譲歩を示すときに使います。(B) still（まだ）や (D) further（さらに）は意味的に合わず、また if 節の直後にも使えません。

問題・選択肢
もしホアロン・テキスタイルズが我々のオファーを断ったら、そのときには他の衣料品メーカーとの提携を模索しよう。

(A) even so　それにもかかわらず　　(B) still　まだ
(C) then　そのときには　　　　　　(D) further　さらに

Q23

Delbron's new laptop computer is much more compact than previous models while offering even more processing -------.

(A) power
(B) powerful
(C) powerfully
(D) powered

Ⓐ Ⓑ Ⓒ Ⓓ

できた …………○　1回目　2回目　3回目
あいまい ………△
できなかった …×

Q24

Loma Technologies has implemented innovative workplace policies aimed ------- employees' creativity and idea generation.

(A) stimulating
(B) to stimulate
(C) at stimulating
(D) to be stimulated

Ⓐ Ⓑ Ⓒ Ⓓ

できた …………○　1回目　2回目　3回目
あいまい ………△
できなかった …×

単語の意味

Q23
□ previous　形前の；旧～

Q24
□ implement　他実行する
□ innovative　形革新的な
□ generation　名創出

227

Q23 正解 (A)　品詞の識別 (名詞) ──────── 難易度 ★☆☆

ステップ1

空所の位置は while offering even more processing ------ と offering の目的語の部分にあります。

ステップ2

even more（さらに大きな）は名詞を修飾しますが、processing は分詞の形で「処理する」の意味です。したがって、even more が修飾するのは空所で、この空所の言葉が offering の直接の目的語ということです。

ステップ3

名詞の (A) power（能力）が正解です。「さらに大きな処理能力を提供する」と適切な表現になります。他の選択肢では、processing と結びついて目的語の要素をつくることができません。

問題・選択肢

デルブロンの新しいラップトップ・コンピューターは、さらに高い処理能力を提供しているのに、旧モデルよりもずっとコンパクトだ。

(A) power　名詞　　　　　　　　　　(B) powerful　形容詞
(C) powerfully　副詞　　　　　　　　(D) powered　過去分詞

Q24 正解 (C)　動詞の形 (前置詞＋動名詞) ──── 難易度 ★★☆

ステップ1

空所の位置は aimed ------ employees' creativity and idea generation で、過去分詞 aimed に続く適切な動詞の形を選ぶ問題です。

ステップ2

動詞 aim（目的とする）は自動詞としても他動詞としても使えますが、自動詞としては〈aim at doing〉〈aim to do〉と at + 動名詞、不定詞のどちらも使えます。一方、他動詞としては受け身で〈be aimed at doing〉の at + 動名詞の形しか使えません。

ステップ3

この問題は他動詞の aim が過去分詞になったものなので、後ろに続くのは〈at doing〉です。よって、(C) at stimulating が正解です。なお、動名詞を直接は続けられないので (A) は不可です。

問題・選択肢

ロマ・テクノロジーズは社員の創造性とアイデア創出を刺激することを目的とした革新的な職場方針を実施している。

(A) stimulating　動名詞　　　　　　(B) to stimulate　不定詞（能動態）
(C) at stimulating　at + 動名詞　　　(D) to be stimulated　不定詞（受動態）

Q25

The new payroll system will get ------- after the plan receives approval from the financial director.

(A) for once
(B) into practice
(C) under way
(D) in turn

Ⓐ Ⓑ Ⓒ Ⓓ

できた …………○	1回目	2回目	3回目
あいまい ………△	☐	☐	☐
できなかった …×			

Q26

A handy feature of Metrix's enterprise management software is the dashboard tool that displays a wide range of business data -------.

(A) visual
(B) visualized
(C) visualizes
(D) visually

Ⓐ Ⓑ Ⓒ Ⓓ

できた …………○	1回目	2回目	3回目
あいまい ………△	☐	☐	☐
できなかった …×			

単語の意味

Q25
☐ payroll　名給与
☐ approval　名承認

Q26
☐ handy　形便利な
☐ enterprise　名企業
☐ dashboard　名計器盤；ダッシュボード

DAY 1 DAY 2 DAY 3 DAY 4 DAY 5 DAY 6 DAY 7 DAY 8

Q25 正解 (C) イディオムの選択 ――――――― 難易度 ★★☆

ステップ1

空所の位置は The new payroll system will get ------ で、動詞 get の次にあり、get と一緒に使って意味のある語句ではないかと見当をつけましょう。

ステップ2

get の主語は「新しい給与システム」で、after 以後は「その計画が財務部長の承認を得てから」です。

ステップ3

(C) under way には「実施されて」の意味があり、get under way で「実施される」となります。この表現を知っていれば即座に解ける問題です。(B) into practice も「実施されて」の意味がありますが、動詞は put を使います。be put into practice なら正しい表現になります。(A) for once（今回だけは）や (D) in turn（順番に；今度は）は文意に合いません。

問題・選択肢

新しい給与システムは、その計画が財務部長の承認を得てから実施される。

(A) for once　今回だけは

(B) into practice　実施されて

(C) under way　実施されて

(D) in turn　順番に；今度は

Q26 正解 (D) 品詞の識別（副詞）――――――― 難易度 ★★☆

ステップ1

空所は後半の関係詞節にあり、the dashboard tool that displays a wide range of business data ------ となっています。

ステップ2

この関係詞節には displays という述語動詞があるので、重複して述語動詞が入ることはなく、まず動詞三単現の形の (C) visualizes を外せます。形容詞の (A) visual も1語で後ろから名詞を修飾することはできません。これも不可。visual business data なら可能です。同様に過去分詞の (B) visualized も1語で後ろから名詞を修飾できないのでこれも不適です。

ステップ3

動詞 displays にかかると考えて副詞の (D) visually を選べば、「さまざまな経営データを視覚的に表示する」と正しい文になります。

問題・選択肢

メトリックスの企業経営ソフトの便利な機能は、さまざまな経営データを視覚的に表示するダッシュボード・ツールだ。

(A) visual　形容詞

(B) visualized　過去分詞

(C) visualizes　動詞（三単現）

(D) visually　副詞

Q27

All of Matsumoto Manufacturing's products are ------- tested for safety and reliability before being offered to the public.

(A) openly
(B) extremely
(C) temporarily
(D) thoroughly

Ⓐ Ⓑ Ⓒ Ⓓ

	1回目	2回目	3回目
できた ……… ○ あいまい ……… △ できなかった … ×	☐	☐	☐

Q28

It is generally agreed that choosing a good location is ------- to the success of a retail business.

(A) definite
(B) accessible
(C) frequent
(D) critical

Ⓐ Ⓑ Ⓒ Ⓓ

	1回目	2回目	3回目
できた ……… ○ あいまい ……… △ できなかった … ×	☐	☐	☐

単語の意味

Q27
☐ reliability 名 信頼性

Q28
☐ retail 形 小売りの

Q27　正解 (D)　副詞の選択 ──────────── 難易度 ★★☆

ステップ1
空所の位置は are ------ tested となっていて、空所は tested を修飾しているので、「どんなふうにテストされる」かを考えます。

ステップ2
全体の文意は「マツモト製作所の製品のすべては、人々に提供される前に、安全性と信頼性を～テストされる」です。

ステップ3
(D) thoroughly は「徹底的に」の意味で、tested との親和性も高く、全体の文意にも合致するのでこれを選びます。 意味が近いと思える (B) extremely は「度合いがはなはだしく」というニュアンスで、テストを行う際の「入念に」「しっかりと」という意味合いを出せません。(A) openly（公然と；率直に）や (C) temporarily（一時的に）も製品テストの文脈に合いません。

問題・選択肢
マツモト製作所の製品のすべては、人々に提供される前に、安全性と信頼性を徹底的にテストされる。

(A) openly　公然と；率直に　　　　(B) extremely　極度に
(C) temporarily　一時的に　　　　(D) thoroughly　徹底的に

Q28　正解 (D)　形容詞の選択 ──────────── 難易度 ★★☆

ステップ1
空所は that 節の中にあり、choosing a good location is ------ to the success of a retail business となっています。

ステップ2
「よい立地を選ぶことが小売業の成功にとってどうなのか」を考えます。

ステップ3
(D) critical（きわめて重要な）を選べば、「よい立地を選ぶことが小売業の成功にとってきわめて重要である」と文意が通ります。 (A) definite は「明確な；はっきりした」の意味で、ニュアンスが合いません。(B) accessible（行きやすい）や (C) frequent（頻繁な）は空所に入れても意味をなしません。

問題・選択肢
よい立地を選ぶことが小売業の成功にとってきわめて重要であることは、一般的に合意されていることだ。

(A) definite　明確な　　　　　　　(B) accessible　行きやすい
(C) frequent　頻繁な　　　　　　　(D) critical　きわめて重要な

Q29

Although other salespeople have more clients than Ms. Jacobson, ------- generate more revenue for the company.

   (A) she

   (B) her

   (C) hers

   (D) herself   Ⓐ Ⓑ Ⓒ Ⓓ

	1回目	2回目	3回目
できた………○ あいまい………△ できなかった …×	☐	☐	☐

Q30

The board wants the planned pay-TV project to move forward ------- it's profitable.

   (A) even if

   (B) in case

   (C) as soon as

   (D) provided that   Ⓐ Ⓑ Ⓒ Ⓓ

	1回目	2回目	3回目
できた………○ あいまい………△ できなかった …×	☐	☐	☐

（単語の意味）

Q29
☐ generate 他 つくり出す
☐ revenue 名 収入

Q30
☐ move forward 進む

233

Q29　正解 (C)　代名詞 (所有代名詞) ──────── 難易度 ★★☆

ステップ1

空所の位置は ------- generate more revenue for the company で、主節の主語になっています。

ステップ2

所有格や再帰代名詞は主語になれないので、(B) her と (D) herself を外せます。また、主格の (A) she では、動詞が三単現ではない generate と呼応しません。よって、(A) も不可です。

ステップ3

所有代名詞の (C) hers は従属節の clients を受け、「彼女のクライアント」の意味です。元の名詞が複数なので、hers も複数ととらえ三単現でない generate を続けることが可能です。(C) が正解です。

問題・選択肢

他の営業部員はジェイコブソンさんよりも多くのクライアントをもっているが、<u>彼女のもの</u>は会社により多くの収入をもたらす。

(A) she　主格

(B) her　所有格

(C) hers　所有代名詞

(D) herself　再帰代名詞

Q30　正解 (D)　イディオムの選択 ──────── 難易度 ★★☆

ステップ1

選択肢には接続詞系のイディオムが並んでいます。空所の位置は ------- it's profitable で、「それが利益があがる」の意味です。

ステップ2

空所までの文意は「取締役会は、計画されている有料テレビ・プロジェクトを進めたいと考えている」です。

ステップ3

前後半の関係は、「利益があがる」という「条件」で「プロジェクトを進めたい」と考えられるので、(D) provided that (〜という条件で) が正解です。(B) in case は見かけはまぎらわしいですが、「〜するといけないので」の意味で文脈に合いません。(A) even if (たとえ〜でも) や (C) as soon as (〜するとすぐに) も意味的に不適です。

問題・選択肢

取締役会は、利益があがる<u>という条件で</u>、計画されている有料テレビ・プロジェクトを進めたいと考えている。

(A) even if　たとえ〜でも

(B) in case　〜するといけないので

(C) as soon as　〜するとすぐに

(D) provided that　〜という条件で

DAY 8

実戦練習 No.3

30問

⏱ 解答時間
730点目標：**12**分**30**秒
高得点目標：**10**分

✓「実戦練習」では、Part 5 に出る全種の問題をランダムに出題しています。本番の Part 5 を解くつもりで、時間も意識しながら解答してみましょう。

✓ 問題を解いたら、解説を読んでしっかり理解しておきましょう。また、日をおいて、2 回、3 回とトライしてみましょう。

Q1

We kindly ask ------- you take a few minutes to fill out a survey after the seminar.

- (A) before
- (B) that
- (C) whether
- (D) how long

Ⓐ Ⓑ Ⓒ Ⓓ

	1回目	2回目	3回目
できた …………○ あいまい ………△ できなかった …×			

Q2

Spending a restful and relaxing weekend is a ------- to start a new week with enough energy.

- (A) use
- (B) must
- (C) can
- (D) share

Ⓐ Ⓑ Ⓒ Ⓓ

	1回目	2回目	3回目
できた …………○ あいまい ………△ できなかった …×			

単語の意味

Q1
- □ kindly　副 どうか；お願いですから
- □ fill out　～に記入する
- □ survey　名 アンケート（調査）

Q2
- □ restful　形 穏やかな

Q1 正解 (B) 接続詞の選択 ————————————— 難易度 ★☆☆

ステップ1

選択肢には接続詞（前置詞）と疑問詞が混在しています。空所の位置は We kindly ask ------- で、空所の後には文が続いています。

ステップ2

ask には目的語が必要で、そのためには空所以下を目的語にしなければなりません。

ステップ3

接続詞の (B) that を入れれば、ask that 〜（〜することをお願いする）と that 節を目的語にできます。これが正解。(A) before は接続詞としても使えますが、文意が通りませんし、ask の目的語もつくれません。(C) whether は「〜かどうか」の意味で、空所の後の文にうまくつながりません。(D) how long は時間を聞くのに使いますが、ここではすでに a few minutes とあるので使う意味がありません。

問題・選択肢

セミナーが終わったら、アンケートにご記入いただくために数分間のお時間をとっていただくことをお願いします。

(A) before　接続詞・前置詞（〜の前に）　(B) that　接続詞（〜ということ）

(C) whether　接続詞（〜かどうか）　　(D) how long　疑問詞（どれくらい長く）

Q2 正解 (B) 名詞の選択 ————————————— 難易度 ★★☆

ステップ1

空所は補語の位置にあり、a ------- to start a new week with enough energy となっています。

ステップ2

文意は「穏やかでくつろいだ週末を過ごすことは、十分な力をもって新しい週を始めるのに〜だ」です。

ステップ3

(B) must は名詞で「不可欠なこと」の意味があるので、これを入れれば「十分な力をもって新しい週を始めるのに不可欠だ」となり、文意が通ります。(A) use（用途）や (D) share（割り当て；シェア）では意味をなしません。(C) can は名詞では「缶；容器」の意味しかありません。

問題・選択肢

穏やかでくつろいだ週末を過ごすことは、十分な力をもって新しい週を始めるのに不可欠だ。

(A) use　用途　　　　　　　　　　(B) must　不可欠なこと

(C) can　缶　　　　　　　　　　　(D) share　割り当て；シェア

Q3

You may submit your application ------- fax or
e-mail, but our policy does not allow candidates
to deliver documents directly to our office.

- (A) rather than
- (B) by means of
- (C) in terms of
- (D) on account of

Ⓐ Ⓑ Ⓒ Ⓓ

	1回目	2回目	3回目
できた …………○ あいまい ………△ できなかった …×	☐	☐	☐

Q4

BAS Banking's headquarters is located along
Central Station Street and ------- the City Opera
House.

- (A) out of
- (B) so far
- (C) next to
- (D) up to

Ⓐ Ⓑ Ⓒ Ⓓ

	1回目	2回目	3回目
できた …………○ あいまい ………△ できなかった …×	☐	☐	☐

単語の意味

Q3
☐ application 名 応募（書類）
☐ candidate 名 候補者

Q4
☐ headquarters 名 本社

Q3 正解 (B) イディオムの選択 ────────── 難易度 ★★☆

ステップ1

選択肢にはさまざまなイディオムが並びます。空所は前半の文にあり、You may submit your application ------ fax or e-mail, となっています。

ステップ2

------ fax or e-mail は「応募書類を提出する」方法だと考えられます。

ステップ3

そこで、「手段・方法」を導く (B) by means of(～によって)を選びます。
(A) rather than(～よりむしろ）は「比較」、(C) in terms of（～の点では）は「観点」、(D) on account of（～が理由で）は「理由」をそれぞれ表すのでこの空所には不適です。

問題・選択肢

応募書類はファクスかメールによって提出することはできますが、当社の方針では候補者が当社事務所に直接書類を持参することは認めていません。

(A) rather than　～よりむしろ　　　　(B) by means of　～によって
(C) in terms of　～の点では　　　　　(D) on account of　～が理由で

Q4 正解 (C) イディオムの選択 ────────── 難易度 ★★☆

ステップ1

空所の位置は is located along Central Station Street and ------ the City Opera House です。

ステップ2

is located は「～にある」と立地を表す表現で、この後には場所が続きます。and に着目すれば、along Central Station Street と ------ the City Opera House の2つの場所が示されていることがわかります。

ステップ3

空所には場所を導く前置詞が必要で、is located に続くことも考えると (C) next to（～の隣に）が適切です。(A) out of（～から）や (D) up to（～まで）は立地を表すには不適です。(B) so far は「これまでのところ」の意味の時間の表現で副詞的に使います。

問題・選択肢

BASバンキングの本社は、中央駅通りに面していて、市立オペラハウスの隣です。

(A) out of　～から　　　　　　　　　(B) so far　これまでのところ
(C) next to　～の隣に　　　　　　　　(D) up to　～まで

Q5

Please make sure that you meet the eligibility
------- for a class before you register for it.

- (A) require
- (B) requires
- (C) requiring
- (D) requirements

Ⓐ Ⓑ Ⓒ Ⓓ

	1回目	2回目	3回目
できた …………○ あいまい ………△ できなかった …×	☐	☐	☐

Q6

Blue Water's CEO, Leslie Row, patronizes
the City Museum and ------- supports some
environmental organizations.

- (A) also
- (B) further
- (C) still
- (D) more

Ⓐ Ⓑ Ⓒ Ⓓ

	1回目	2回目	3回目
できた …………○ あいまい ………△ できなかった …×	☐	☐	☐

単語の意味

Q5
☐ eligibility 名 資格
☐ register for ～に登録する

Q6
☐ patronize 他 後援する；資金支援する
☐ environmental 形 環境の

241

Q5　正解 (D)　品詞の識別（名詞）——————————— 難易度 ★★☆

ステップ1

空所の位置は you meet the eligibility ------ for ～で、空所は名詞 eligibility と前置詞 for に挟まれています。すでに meet があり、ここに動詞が入ることはないので、まず (A) require と (B) requires を外せます。

ステップ2

eligibility は「資格；適格」の意味で、このままでは meet（満たす）の目的語にはなれません。現在分詞の (C) requiring を入れても、eligibility が目的語になってしまうので、(C) も不適です。

ステップ3

(D) requirements を選んで、eligibility requirements（資格要件）とすれば、meet の目的語として適切になります。

問題・選択肢

登録する前に、あなたがクラスの資格要件を満たしていることを確認してください。

(A) require　動詞（原形）　　　　　(B) requires　動詞（三単現）
(C) requiring　現在分詞　　　　　(D) requirements　名詞

Q6　正解 (A)　副詞の選択 ————————————— 難易度 ★☆☆

ステップ1

選択肢にはさまざまな副詞が並んでいます。空所のある ------ supports some environmental organizations（～いくつかの環境団体を支援している）は、and を介して patronizes the City Museum（市立美術館を後援している）に対応していることに注目しましょう。

ステップ2

つまり、「市立美術館を後援し、いくつかの環境団体もまた支援している」となるように、行為の重複を表現する副詞が必要です。

ステップ3

(A) also は「～もまた」の意味で、行為の重複を表現できるのでこれが正解です。
(B) further は「さらに」の意味で、程度を強めたり情報を付加したりするのに使います。(C) still（まだ）は文脈に合いません。(D) more（もっと）は副詞としては後ろから動詞を修飾し、またここに入れる根拠もありません。

問題・選択肢

ブルー・ウォーターのCEOであるレスリー・ロウは、市立美術館を後援し、いくつかの環境団体もまた支援している。

(A) also　～もまた　　　　　　　(B) further　さらに
(C) still　まだ　　　　　　　　　(D) more　もっと

目標タイム **50** ▸▸ **40** 秒

DAY 1
DAY 2
DAY 3
DAY 4
DAY 5
DAY 6
DAY 7
DAY 8

Q7

The reflective material on Dantex's running shoes increases the wearer's ------- in low-light environments, making them ideal for jogging at night.

(A) visibility
(B) visible
(C) visibly
(D) more visible

Ⓐ Ⓑ Ⓒ Ⓓ

	1回目	2回目	3回目
できた …………○ あいまい ………△ できなかった …×	☐	☐	☐

Q8

Guests ------- to join an afternoon bush walk will be picked up by our guide in the lobby at 1 p.m.

(A) opting
(B) opted
(C) option
(D) optional

Ⓐ Ⓑ Ⓒ Ⓓ

	1回目	2回目	3回目
できた …………○ あいまい ………△ できなかった …×	☐	☐	☐

単語の意味

Q7
□ reflective 形 反射する
□ environment 名 環境

Q8
□ bush 名 低木地

Q7　正解 (A)　品詞の識別 (名詞) ―――――――― 難易度 ★★☆

ステップ1
文の構造を見ると、The reflective material on Dantex's running shoes が主語で、increases が述語動詞、the wearer's ------- が目的語です。

ステップ2
wearer's とアポストロフィが付いていて「着用者の〜」となっているので、後ろには名詞が続きます。**また、空所の後の in 以下は付加的な要素なので、空所に名詞を入れるしかありません。**

ステップ3
名詞形の (A) visibility（視認性）が正解です。 意味を考えても、「ダンテックスのランニングシューズの反射素材は薄暗い場所での着用者の視認性を高め」となって、カンマの後の「夜のジョギングに理想的である」にもうまくつながります。

問題・選択肢
ダンテックスのランニングシューズの反射素材は薄暗い場所での着用者の視認性を高め、夜のジョギングに理想的である。

(A) visibility　名詞 　　　　　　　　(B) visible　形容詞

(C) visibly　副詞 　　　　　　　　　(D) more visible　形容詞（比較級）

Q8　正解 (A)　品詞の識別 (現在分詞) ―――――――― 難易度 ★★☆

ステップ1
空所の位置は Guests ------- to join an afternoon bush walk で、主語を構成する要素の中にあります。

ステップ2
不定詞が続いているので、空所には Guests と不定詞を結びつけることができる形が必要です。

ステップ3
opt は「選択する」の意味の自動詞で、〈opt to do〉（〜することを選択する）の用法があります。opting と現在分詞にすれば to join 以下に続けられるので (A) が正解です。 自動詞なので (B)opted は過去形で述語動詞が重複します。名詞の (C) option を入れると option が主語になって、文意をなしません。形容詞の (D) optional は「自分で選べる」の意味で、この空所の位置では使えません。

問題・選択肢
午後の低木地の散策に参加したいお客様は、午後1時にロビーで私たちのガイドがピックアップします。

(A) opting　現在分詞 　　　　　　　(B) opted　過去形

(C) option　名詞 　　　　　　　　　(D) optional　形容詞

目標タイム **50** ▸▸ **40** 秒

DAY 1
DAY 2
DAY 3
DAY 4
DAY 5
DAY 6
DAY 7
DAY 8

Q9

Thanks to its powerful, deep-cleaning formula, Sparklefresh washing detergent will ------- even the toughest stains from clothing.

(A) remove
(B) dispose
(C) obtain
(D) resist

Ⓐ Ⓑ Ⓒ Ⓓ

	1回目	2回目	3回目
できた …………○ あいまい ………△ できなかった …×	☐	☐	☐

Q10

------- three decades of experience working in the finance industry, Ms. Subban decided she was ready to become a freelance consultant.

(A) As
(B) During
(C) With
(D) That

Ⓐ Ⓑ Ⓒ Ⓓ

	1回目	2回目	3回目
できた …………○ あいまい ………△ できなかった …×	☐	☐	☐

単語の意味

Q9
☐ formula 名方式
☐ detergent 名洗剤
☐ stain 名染み

Q10
☐ finance 名金融

Q9 正解 (A) 動詞の選択 ──────────── 難易度 ★★☆

ステップ1
空所の位置は ------ even the toughest stains from clothing で、この部分の意味は「衣類から最も頑固な染みを〜」です。

ステップ2
また、この文の主語は washing detergent（洗濯洗剤）です。

ステップ3
(A) remove（取り除く）を選べば、「洗濯洗剤が衣類から最も頑固な染みも取り除く」と適切な文をつくれます。この動詞は〈remove A from B〉（AをBから取り除く）の形をとります。(B) dispose は「処分する」という意味ですが、自動詞なので dispose of として目的語を続けます。(C) obtain は「獲得する」で空所に必要な意味の逆になってしまいます。(D) resist は「はじく」で、stains（染み）とうまく結びつきません。

問題・選択肢
洗濯洗剤スパークルフレッシュは、その強力で、徹底的に洗浄する方式のおかげで、衣類から最も頑固な染みも取り除く。

(A) remove　取り除く　　　　　　　(B) dispose　処分する
(C) obtain　獲得する　　　　　　　(D) resist　はじく

Q10 正解 (C) 前置詞の選択 ──────────── 難易度 ★★☆

ステップ1
空所の位置は ------ three decades of experience working in the finance industry, で、名詞が続くので、入るのは前置詞です。(D) That は「〜であること」という意味の接続詞として使うので、まずこれを外せます。

ステップ2
意味を考えると、カンマまでの前半は「30年間にわたる金融業界での業務経験」、後半は「フリーのコンサルタントになる準備ができていると判断した」。

ステップ3
(C) With は「〜をもって」と所有を表すので、これを選べば「30年間にわたる金融業界での勤務経験をもっていて」となり、後続の文につながります。(A) As は「〜として」「〜のとき」などの意味で使うので不適です。(B) During も「〜の間」と期間を表すので、前後をつなげません。

問題・選択肢
サバンさんは、30年間にわたる金融業界での業務経験をもっていて、フリーのコンサルタントになる準備ができていると判断した。

(A) As　前置詞（〜として；〜のとき）(B) During　前置詞（〜の間）
(C) With　前置詞（〜をもって）　　　(D) That　接続詞（〜であること）

Q11

The laptop PC, Inspire X, is popular as it has various advanced functions but is affordably -------.

(A) price
(B) pricing
(C) priced
(D) pricey

Ⓐ Ⓑ Ⓒ Ⓓ

	1回目	2回目	3回目
できた …………○ あいまい ………△ できなかった …×	□	□	□

Q12

In order to reduce traffic congestion on Highway 17 during the construction work, the city is ------- commuters to use public transportation.

(A) presenting
(B) urging
(C) providing
(D) describing

Ⓐ Ⓑ Ⓒ Ⓓ

	1回目	2回目	3回目
できた …………○ あいまい ………△ できなかった …×	□	□	□

単語の意味

Q11
□ advanced 形先進的な
□ affordably 副手頃な値段で

Q12
□ traffic congestion 交通渋滞
□ commuter 名通勤者

Q11　正解 (C)　品詞の識別（過去分詞）——————— 難易度 ★★☆

ステップ1
空所の位置は as が導く節の後半にあり、is affordably ------ となっています。主語は it（= The laptop PC）です。

ステップ2
空所は補語の位置で、副詞の affordably が修飾しています。よって、入るのは形容詞か分詞です。まず、名詞または動詞の (A) price を外せます。

ステップ3
動詞の price は「値段をつける」の意味で、現在分詞の pricing なら「値段をつける」、過去分詞の priced なら「値段がつけられた」なので、過去分詞を選べば affordably priced（手頃な値段がつけられた）となって適切な表現になります。(C) が正解です。 形容詞の (D) pricey は「高価な」の意味で、affordably と矛盾します。

問題・選択肢
ラップトップPCのインスパイアXはさまざまな先進機能を搭載しているが、手頃な値段がつけられているので人気がある。

(A) price　名詞・動詞（原形）　　　(B) pricing　現在分詞
(C) priced　過去分詞　　　　　　　(D) pricey　形容詞

Q12　正解 (B)　動詞の選択 ——————————— 難易度 ★★☆

ステップ1
空所はカンマの後の the city is ------- commuters to use public transportation にあり、進行形をつくるのに適切な現在分詞を選ぶ問題です。

ステップ2
文意はカンマまでが「建設工事中の17号線の交通混雑を緩和するため」、カンマの後は「市は通勤する人たちに公共交通機関を利用するよう〜している」です。

ステップ3
(B) の urge は「促す；アドバイスする」の意味で使うので、これを入れれば「公共交通機関を利用するよう促している」となり、文意が通ります。なお、urge は〈urge O to do〉（O に〜することを促す）の形で使えるので、この観点からも (B) を選択できるでしょう。 他の選択肢の動詞は意味が合わず、〈V O to do〉の形もとれません。

問題・選択肢
建設工事中の17号線の交通混雑を緩和するために、市は通勤する人たちに公共交通機関を利用するよう促している。

(A) presenting　発表している　　　(B) urging　促している
(C) providing　提供している　　　(D) describing　描いている

Q13

It is projected that the revised design for the Wallace Bridge project will cost approximately 10 percent less than the ------- proposal.

(A) prominent
(B) original
(C) contemporary
(D) urgent

Ⓐ Ⓑ Ⓒ Ⓓ

	1回目	2回目	3回目
できた …………○ あいまい ………△ できなかった …×			

Q14

The White Sands Hotel is popular with tourists because of its ------- to San Lorenzo's main tourist attractions.

(A) importance
(B) direction
(C) simplicity
(D) proximity

Ⓐ Ⓑ Ⓒ Ⓓ

	1回目	2回目	3回目
できた …………○ あいまい ………△ できなかった …×			

単語の意味

Q13
□ project 他見積もる；推測する
□ revise 他修正する

Q14
□ attraction 名観光スポット；見どころ

Q13 正解 (B) 形容詞の選択 ——————————— 難易度 ★★☆

ステップ1
選択肢にはさまざまな形容詞が並んでいます。空所の位置は will cost approximately 10 percent less than the ------ proposal で、空所は比較表現の less than の後にあります。

ステップ2
that 節の文意は「ウォーレス橋プロジェクトの修正された設計は~計画よりも約10パーセント費用が削減される」です。

ステップ3
「どんな計画よりも10パーセント費用が削減されるか」を考えると、(B) original を選んで「元の計画よりも」とすれば文意が通ります。(A) prominent（著名な）や (D) urgent（緊急の）は project を修飾できても全体の文意に合いません。(C) contemporary は「現代の；同時代の」の意味で、contemporary art、contemporary society のように使い、project を修飾できません。

問題・選択肢
ウォーレス橋プロジェクトの修正された設計は元の計画よりも約10パーセント費用が削減されると見積られている。

(A) prominent　著名な　　　　　　(B) original　元の
(C) contemporary　現代の　　　　(D) urgent　緊急の

Q14 正解 (D) 名詞の選択 ——————————— 難易度 ★★☆

ステップ1
選択肢にはさまざま名詞が並びます。空所の位置は because of its ------ to San Lorenzo's main tourist attractions です。

ステップ2
前半の文意は「ホワイトサンズ・ホテルは観光客に人気がある」なので、because of 以下は人気の理由を表しているはずです。

ステップ3
(D) proximity は「近さ」の意味で、これを選ぶと「サンロレンツォの主な観光スポットへ近いことから人気がある」と文意が通ります。他の選択肢を入れても、ホテルの人気の理由を表現できません。

問題・選択肢
サンロレンツォの主な観光スポットに近いことから、ホワイトサンズ・ホテルは観光客に人気がある。

(A) importance　重要性　　　　　(B) direction　方向；指示
(C) simplicity　シンプルさ　　　　(D) proximity　近さ

Q15

Access to the building will be possible only via the side entrance or underground parking lot ------- the renovations to the front lobby.

(A) since
(B) during
(C) while
(D) in order that

Ⓐ Ⓑ Ⓒ Ⓓ

	1回目	2回目	3回目
できた …………○ あいまい ………△ できなかった …×	☐	☐	☐

Q16

The shop interior that has been crafted in a short period looks beautiful and -------.

(A) inviting
(B) invited
(C) invitational
(D) invitees

Ⓐ Ⓑ Ⓒ Ⓓ

	1回目	2回目	3回目
できた …………○ あいまい ………△ できなかった …×	☐	☐	☐

単語の意味

Q15
☐ via 前 ~を通って
☐ underground 形 地下の
☐ renovation 名 改修

Q16
☐ craft 他 (巧みに) つくる

Q15 正解 (B) 前置詞の選択 ──────── 難易度 ★☆☆

ステップ1

空所の位置は ------ the renovations to the front lobby で、名詞の前にあります。したがって、空所に入るのは前置詞です。まず接続詞の (C) while を外せます。また、(D) in order that も文を続ける接続詞系イディオムなので、これも除外できます。

ステップ2

次に意味を考えると、空所の前は「その建物には側面の入り口か地下駐車場を使ってのみ入ることができます」、空所の後は「正面ロビーの改修」。

ステップ3

「期間」を表す前置詞を入れると文意が通るので、(B) during（〜の間）を選びます。(A) since は「〜以来」という「起点」を表すので、「正面ロビーの改修以来」となり、特別な一時的措置を述べる前半とつながりません。

問題・選択肢

正面ロビーの改修中は、その建物には側面の入り口か地下駐車場を使ってのみ入ることができます。

(A) since 前置詞・接続詞（〜以来）　　(B) during 前置詞（〜の間）

(C) while 接続詞（〜の間）　　(D) in order that 接続詞（〜するために）

Q16 正解 (A) 品詞の識別（現在分詞）──────── 難易度 ★★★

ステップ1

空所の位置は looks beautiful and ------ で、looks の補語になっています。また、等位接続詞 and の前後は似かよった表現と考えられるので、空所には beautiful と並列できる形容詞（分詞）が入ります。

ステップ2

ここからまず名詞の (D) invitees（招待を受けた人）を外せます。また、過去分詞の (B) invited は「招待された」の意味で、beautiful と並列できません。これも不可です。

ステップ3

現在分詞の (A) inviting は「人を引きつけるような」、形容詞の (C) invitational は「招待の」なので、(A) が文脈に合い、こちらが正解です。

問題・選択肢

短い期間につくられたその店のインテリアは、美しく、人を引きつけるように見える。

(A) inviting 現在分詞　　(B) invited 過去分詞

(C) invitational 形容詞　　(D) invitees 名詞

Q17

When offered a transfer to Sydney to help establish the company's new office there, Ms. Kadowaki agreed -------.

(A) urgently
(B) largely
(C) justly
(D) immediately

Ⓐ Ⓑ Ⓒ Ⓓ

	できた …………○ あいまい ………△ できなかった …×	1回目	2回目	3回目
		☐	☐	☐

Q18

The increased ------- of online courses has made it easier for people to pursue studies even while working full-time.

(A) perspective
(B) reference
(C) evaluation
(D) availability

Ⓐ Ⓑ Ⓒ Ⓓ

	できた …………○ あいまい ………△ できなかった …×	1回目	2回目	3回目
		☐	☐	☐

単語の意味

Q17
☐ transfer 名 転勤
☐ establish 他 設立する

Q18
☐ pursue 他 追求する

Q17 正解 (D) 副詞の選択 ―――――――――― 難易度 ★★☆

ステップ1

空所の位置は Ms. Kadowaki agreed ------ にあり、「カドワキさんがどんなふうに同意したか」を考えます。

ステップ2

前半を見ると「そこでの会社の新しいオフィス設立を支援するためにシドニーへの転勤を打診されたとき」という場面です。

ステップ3

候補は (A) urgently（至急に）か、(D) immediately（即座に）ですが、agreed は人が主体的にする行為なので、(D) が適切です。urgently は状況によって緊急性を求められる切羽詰まった場面で使います。(B) largely（主に）は動詞 agreed と一緒に使うのは無理です。(C) justly（正当に）もこの文脈に合いません。

問題・選択肢

そこでの会社の新しいオフィス設立を支援するためにシドニーへの転勤を打診されたとき、カドワキさんは<u>即座に</u>同意した。

(A) urgently　至急に

(B) largely　主に

(C) justly　正当に

(D) immediately　即座に

Q18 正解 (D) 名詞の選択 ―――――――――― 難易度 ★★☆

ステップ1

選択肢にはさまざまな名詞が並びます。空所の位置は The increased ------ of online courses で、主語の一部を構成します。

ステップ2

全体の文意は「オンラインのコースがますます〜が、人々が常勤の仕事をしながらでも学びを追求することを容易にしている」です。

ステップ3

(D) availability を選べば、主語は「オンラインのコースがますます<u>利用しやすくなっていることが</u>」となり、後ろにうまくつながります。他の選択肢では「学びを追求することを容易にしている」につながらず、文意をなしません。

問題・選択肢

オンラインのコースがますます<u>利用しやすくなっていることが</u>、人々が常勤の仕事をしながらでも学びを追求することを容易にしている。

(A) perspective　展望

(B) reference　参照

(C) evaluation　評価

(D) availability　利用しやすさ

Q19

The payment by SG Machinery ------- by today had Aimee Garcia informed them of the company's payment terms.

(A) was made
(B) will be made
(C) has been made
(D) should have been made　　ⒶⒷⒸⒹ

	1回目	2回目	3回目
できた …………○	☐	☐	☐
あいまい ………△			
できなかった …×			

Q20

------- wishing to reserve a projector should contact Mr. Carrolton in the facilities department.

(A) Whose
(B) Someone
(C) Anyone
(D) Almost　　ⒶⒷⒸⒹ

	1回目	2回目	3回目
できた …………○	☐	☐	☐
あいまい ………△			
できなかった …×			

単語の意味

Q19
□ terms　名条件

Q19 正解 (D) 動詞の形 (仮定法過去完了) ——— 難易度 ★★★

ステップ1

選択肢の動詞はすべて受動態で、適切な受動態の形を選ぶ問題です。空所の位置は The payment by SG Machinery ------ by today です。

ステップ2

この問題のポイントは **had** 以下の文です。これは仮定の接続詞 **if** が省略されて、助動詞の **had** が文頭に出ている倒置法です。実際は **if ～ had informed** なので、仮定法過去完了の形です。

ステップ3

よって、仮定法過去完了の帰結節の形〈助動詞の過去形 + **have** + 過去分詞〉である **(D) should have been made** が正解になります。

問題・選択肢

エイミー・ガルシアが会社の支払い条件を伝えていたなら、SGマシーナリーによる支払いは今日までに行われているはずだ。

(A) was made　過去形
(B) will be made　未来形
(C) has been made　現在完了形
(D) should have been made　仮定法過去完了

Q20 正解 (C) 不定代名詞 anyone ——— 難易度 ★★☆

ステップ1

選択肢には関係代名詞、不定代名詞、副詞が混在しています。空所の位置は ------ wishing to reserve a projector で、主語を構成します。

ステップ2

所有格の関係代名詞の (A) Whose は前に先行詞が必要なので文頭では使えません。(D) Almost は副詞なので主語にはなれません。どちらも不可です。

ステップ3

(B) Someone（だれか）と **(C) Anyone**（だれでも）が候補ですが、「プロジェクターを予約したい人はだれでも」となるのが自然です。したがって、**(C) Anyone** が正解になります。

問題・選択肢

プロジェクターを予約したい人はだれでも、資材部のキャロルトンさんに連絡をしてください。

(A) Whose　関係代名詞
(B) Someone　不定代名詞
(C) Anyone　不定代名詞
(D) Almost　副詞

Q21

At Riberon Technologies, Deborah Tsang played
------- roles as both a manager and a product
developer.

(A) pivot
(B) pivots
(C) pivoted
(D) pivotal   Ⓐ Ⓑ Ⓒ Ⓓ

	1回目	2回目	3回目
できた …………○ あいまい ………△ できなかった …×	☐	☐	☐

Q22

Please rest ------- that your credit card and
personal information will be protected with
utmost seriousness.

(A) relaxed
(B) committed
(C) assured
(D) inclined   Ⓐ Ⓑ Ⓒ Ⓓ

	1回目	2回目	3回目
できた …………○ あいまい ………△ できなかった …×	☐	☐	☐

（単語の意味）

Q21
☐ role　名 役割

Q22
☐ protect　他 保護する
☐ utmost　形 最大限の

Q21 　正解 (D)　品詞の識別 (形容詞) ──────── 難易度 ★★☆

ステップ1

空所の位置は Deborah Tsang played ------ roles であり、動詞の played と名詞 (目的語) の roles に挟まれています。pivot は名詞で「軸」、動詞で「回転する；回転軸の上に置く」の意味です。

ステップ2

すでに動詞 played があるので、この空所に動詞は入りません。名詞として使っても pivot roles とはできないので、(A) と (B) を外せます。

ステップ3

形容詞の pivotal は「重要な」の意味で使い、played pivotal roles で「重要な役割を果たした」と意味も通じます。(D) が正解です。
過去分詞の (C) pivoted (回転軸の上に置かれた) では roles を修飾して意味をなさないので誤りです。

問題・選択肢

リベロン・テクノロジーズで、デボラ・ツァンはマネジャーと製品開発者のどちらでも重要な役割を果たした。

(A) pivot　名詞・動詞 (原形)　　　　(B) pivots　名詞・動詞 (三単現)

(C) pivoted　過去分詞　　　　　　　(D) pivotal　形容詞

Q22 　正解 (C)　動詞の選択 ───────────── 難易度 ★★☆

ステップ1

選択肢にはさまざまな過去分詞が並びます。空所の位置は Please rest ------ that ～です。

ステップ2

rest ------ で that 節を導いていると考えられます。その that 節は「お客様のクレジットカードと個人情報は最大限の厳格さで保護されます」の意味です。

ステップ3

(C) assured を選んで、rest assured that ～とすれば「～なので安心してください」となり、文意が通ります。これは定型的な表現ですが、知らなくても assure が「安心させる；保証する」という意味だとわかれば選べるでしょう。

問題・選択肢

お客様のクレジットカードと個人情報は最大限の厳格さで保護されますので、ご安心ください。

(A) relaxed　くつろいで　　　　　　(B) committed　献身的で

(C) assured　安心して　　　　　　　(D) inclined　したいと思って

⏱ 目標タイム **50 ▸▸ 40** 秒

DAY 1
DAY 2
DAY 3
DAY 4
DAY 5
DAY 6
DAY 7
DAY 8

Q23

------- demand for health care services is expected to grow in the future, the government is prioritizing the training of medical professionals.

(A) Given that
(B) As for
(C) Therefore
(D) If

Ⓐ Ⓑ Ⓒ Ⓓ

	1回目	2回目	3回目
できた …………○ あいまい ………△ できなかった …×	☐	☐	☐

Q24

The Metropolitan Transit Authority has unveiled a five-year plan to ------- upgrade facilities at many of its subway stations.

(A) comprehensive
(B) comprehensively
(C) comprehension
(D) comprehend

Ⓐ Ⓑ Ⓒ Ⓓ

	1回目	2回目	3回目
できた …………○ あいまい ………△ できなかった …×	☐	☐	☐

単語の意味

Q23
☐ prioritize 他 優先する

Q24
☐ metropolitan 形 都市圏の
☐ transit 名 運輸
☐ unveil 他 発表する

Q23　正解 (A)　接続詞の選択 ──────────── 難易度 ★★☆

ステップ1

選択肢には接続詞、前置詞、副詞が混在しています。空所の位置は ------ demand for health care services is expected to grow in the future, です。

ステップ2

カンマまでは主語・動詞のある文なので、空所にはこの節を導く接続詞が入ります。前置詞の (B) As for と副詞の (C) Therefore は不可です。**文意はカンマまでは「将来、健康管理サービスへの需要が増えるだろう」、カンマの後は「政府は医療専門家の訓練を優先している」。**

ステップ3

根拠を表す (A) Given that（～を考慮に入れて）を選べば前後がうまくつながります。 条件の (D) If（もし～なら）では、行動が進行している後半とつじつまが合いません。

問題・選択肢

将来、健康管理サービスへの需要が増えそうなことを考慮に入れて、政府は医療専門家の訓練を優先している。

(A) Given that　接続詞（～を考慮に入れて）
(B) As for　前置詞（～については）
(C) Therefore　副詞（それゆえ）
(D) If　接続詞（もし～なら）

Q24　正解 (B)　品詞の識別 (副詞) ──────────── 難易度 ★★☆

ステップ1

空所の位置は a five-year plan to ------ upgrade facilities at many of its subway stations で、plan にかかる不定詞の中にあります。

ステップ2

その不定詞は upgrade が動詞で、facilities が目的語になっています。空所に入るのは upgrade を修飾する副詞以外にありません。

ステップ3

したがって、(B) comprehensively（全面的に）が正解になります。 不定詞の中では動詞を修飾する副詞をその前に置くことができます。

問題・選択肢

都市運輸局は、地下鉄駅の多くで施設を全面的に刷新する5カ年計画を発表した。

(A) comprehensive　形容詞
(B) comprehensively　副詞
(C) comprehension　名詞
(D) comprehend　動詞（原形）

目標タイム **50** ▸▸ **40** 秒

DAY 1
DAY 2
DAY 3
DAY 4
DAY 5
DAY 6
DAY 7
DAY 8

Q25

Tanjong Shopping Mall Food Court offers ------- from Malaysia, China, Thailand, and other countries.

(A) recipe
(B) fare
(C) deals
(D) appetite

Ⓐ Ⓑ Ⓒ Ⓓ

	1回目	2回目	3回目
できた …………○ あいまい ………△ できなかった …×	☐	☐	☐

Q26

Once the new city hall is complete, the old building will be torn down and the site ------- into a world-class convention center.

(A) converts
(B) convertible
(C) converted
(D) conversion

Ⓐ Ⓑ Ⓒ Ⓓ

	1回目	2回目	3回目
できた …………○ あいまい ………△ できなかった …×	☐	☐	☐

単語の意味

Q26
☐ city hall 市役所
☐ tear down ～を解体する

Q25 正解 (B) 名詞の選択 ──────────── 難易度 ★★☆

ステップ1

選択肢にはさまざまな名詞が並びます。空所の位置は Tanjong Shopping Mall Food Court offers ------- です。

ステップ2

フードコートが提供するもので、from Malaysia, China, Thailand, and other countries とさまざまな国のものがあります。

ステップ3

(B) fare には「料理」の意味があるので、これが正解になります。fare は多義語で他に「運賃」「(映画・小説などの)作品」の意味もあります。(A) recipe (調理法) や (D) appetite (食欲) は料理に関係しますが、フードコートが提供するものではありません。fare の意味を知らない場合に、苦肉の策で選んでしまうひっかけの選択肢です。(C) deals は「取引」なので文脈に合いません。

問題・選択肢

タンジョン・ショッピングモールのフードコートは、マレーシア、中国、タイや他の国々の料理を提供する。

(A) recipe　調理法　　　　　　　　(B) fare　料理

(C) deals　取引　　　　　　　　　(D) appetite　食欲

Q26 正解 (C) 品詞の識別 (過去分詞) ──────── 難易度 ★★★

ステップ1

空所の位置は後半の文の the site ------- into a world-class convention center にあります。

ステップ2

注目すべきは and です。等位接続詞の and の前後が同じ形の場合、後続の文の一部を省略することができます。**and の前は the old building will be torn down〈S will be 過去分詞〉なので、後は the site (will be) ------- into a world-class convention center となっていると考えられます。**

ステップ3

したがって、空所に入るのは過去分詞の (C) converted (転換される) です。

問題・選択肢

新しい市役所が完成すれば、古い建物は解体され、その敷地は世界クラスの会議センターに転換される。

(A) converts　動詞 (三単現)　　　(B) convertible　形容詞

(C) converted　過去分詞　　　　　(D) conversion　名詞

Q27

A fan malfunction caused Dexter Computing's servers to overheat and fail at a much higher ------- than normal.

(A) tone
(B) rate
(C) account
(D) basis

Ⓐ Ⓑ Ⓒ Ⓓ

できた……………○	1回目	2回目	3回目
あいまい………△	☐	☐	☐
できなかった …×			

Q28

Only a ------- few companies are nominated for the Annual Innovation Awards hosted by the city government.

(A) select
(B) selects
(C) selecting
(D) selection

Ⓐ Ⓑ Ⓒ Ⓓ

できた……………○	1回目	2回目	3回目
あいまい………△	☐	☐	☐
できなかった …×			

単語の意味

Q27
☐ malfunction　名故障
☐ cause　他引き起こす
☐ overheat　自加熱する

Q28
☐ nominate　他候補に指名する
☐ innovation　名イノベーション；技術革新
☐ host　他主催する

263

Q27 正解 (B) 名詞の選択 ———————————— 難易度 ★★☆

ステップ1
選択肢にはさまざまな名詞が並びます。空所の位置は at a much higher ------- than normal で、「通常よりもずっと高い〜で」の意味です。

ステップ2
文全体を見ると「ファンの故障によって、デクスター・コンピューティングのサーバーは加熱して、通常よりもずっと高い〜で停止した」となります。

ステップ3
機器が停止する可能性を表すために、(B) rate（割合）を選びます。higher で修飾できるという点からも適切です。(A) tone（口調；調子）は higher とは合いますが、機器停止の可能性を表現するには不適です。(C) account（口座；説明）や (D) basis（基盤）は higher とも相性が悪く、文意にも合いません。

問題・選択肢
ファンの故障によって、デクスター・コンピューティングのサーバーは加熱して、通常よりもずっと高い割合で停止した。

(A) tone 口調；調子 (B) rate 割合

(C) account 口座；説明 (D) basis 基盤

Q28 正解 (A) 品詞の識別 (形容詞) ———————————— 難易度 ★★★

ステップ1
空所の位置は Only a ------- few companies で、この文の主語の中にあります。冠詞と形容詞 few の間なので、動詞の入る余地はありません。まず、動詞三単現の形の (B) を外せます。

ステップ2
また、名詞→形容詞→名詞と続けることもできないので、名詞の (D) selection も不可です。同様に、(C) selecting は動名詞としては不可です。

ステップ3
(A) select は動詞としても使いますが、「特別に選ばれた；選り抜きの」という意味で形容詞としても使います。これを入れれば、「少数の特別に選ばれた会社だけ」と文意が通ります。(A) が正解です。
(C) selecting は現在分詞として使うにしても、「選ぶ少数の会社」となり、意味をなしません。

問題・選択肢
市政府が主催する「年次イノベーション大賞」には、特別に選ばれた少数の会社だけが候補に指名される。

(A) select 動詞（原形）・形容詞 (B) selects 動詞（三単現）

(C) selecting 現在分詞・動名詞 (D) selection 名詞

Q29

The -------, compact look of Maxi Motors' new car has received a very favorable reaction from consumers.

(A) rapid
(B) limited
(C) lucid
(D) streamlined

Ⓐ Ⓑ Ⓒ Ⓓ

できた …………○　1回目　2回目　3回目
あいまい ………△
できなかった … ×

Q30

While the South Coast region is ------- best known for its beaches, it offers a wide range of recreational activities to suit all tastes.

(A) as such
(B) all the more
(C) of course
(D) for example

Ⓐ Ⓑ Ⓒ Ⓓ

できた …………○　1回目　2回目　3回目
あいまい ………△
できなかった … ×

単語の意味

Q29
□ favorable　形 好意的な

Q30
□ region　名 地域
□ suit　他 満たす

Q29 正解 (D) 形容詞の選択 ────────── 難易度 ★★★

ステップ1

選択肢にはさまざまな形容詞と過去分詞が並んでいます。空所の位置は The ------, compact look of Maxi Motors' new car です。

ステップ2

compact と並列して、「新車の外観」を修飾するのに適当な形容詞を選びます。

ステップ3

車の外観なので、(D) streamlined（流線型の）がぴったりです。 動詞の streamline は「流線型にする」が原意ですが、「合理化する」の意味でビジネスでもよく使う単語です。他の選択肢の形容詞は車の外観の形容にふさわしくなく、また compact と並列するのにも不適です。

問題・選択肢

マキシ・モーターズの新車の<u>流線型の</u>コンパクトな外観は、消費者からきわめて好意的な反応を得ている。

(A) rapid　急速な　　　　　　　　(B) limited　限定された
(C) lucid　輝く　　　　　　　　　(D) streamlined　流線型の

Q30 正解 (C) イディオムの選択 ────────── 難易度 ★★★

ステップ1

空所の位置は While the South Coast region is ------ best known for its beaches, です。is が述語動詞、best known が補語なので、副詞的に使えるイディオムが必要ですが、選択肢はいずれも副詞的に使えます。

ステップ2

文意はカンマまでの前半が「南岸地域は～そのビーチで一番よく知られているが」、後半が「そこはあらゆる好みを満たす幅広い娯楽活動を提供している」です。

ステップ3

前後半は While で逆接的につながっているので、空所に (C) of course（もちろん）を入れると「もちろんそのビーチで一番よく知られているが」と逆接を強調できるので、これが文意に合います。(A) as such（そのようなものとして）は known as such の語順でなければならず、また such が何かも示されていないと使えません。(B) all the more（いっそう）や (D) for example（例えば）では適切な文脈をつくれません。

問題・選択肢

南岸地域はもちろんそのビーチで一番よく知られているが、そこはあらゆる好みを満たす幅広い娯楽活動を提供している。

(A) as such　そのようなものとして　(B) all the more　いっそう
(C) of course　もちろん　　　　　　(D) for example　例えば

覚えておきたいPart 5の必須単語100

本書の問題で使われた単語・表現で Part 5 によく出るものをまとめました。テスト直前に目を通しておきましょう。

動詞

□ **accelerate** 他促進する；加速する ………………………………… 67

□ **accommodate** 他収容する；配慮する；提供する ……………… 85

□ **anticipate** 他期待する ……………………………………………… 207

□ **assemble** 他組み立てる 派 **assembly** 名組み立て；集会 ……… 189

□ **assign** 他任命する；割り当てる 派 **assignment** 名業務 ……… 141

□ **claim** 他主張する；要求する ……………………………………… 133

□ **convert** 他転換する 派 **conversion** 名転換 ………………………… 261

□ **convey** 他伝える；知らせる ……………………………………… 223

□ **deduct** 他控除する；天引きする
　 派 **deductible** 形控除できる ……………………………………… 199

□ **discontinue** 他やめる；中止する …………………………………… 83

□ **distinguish** 他識別する
　 派 **distinguished** 形傑出した **distinct** 形明瞭な ……………… 55

□ **expand** 他拡張する；拡大する 派 **expansion** 名拡張；拡大 …… 85

□ **expire** 自失効する 派 **expiration** 名失効 ………………………… 83

□ **feature** 他〜を特徴とする 名特徴 ………………………………… 47

□ **implement** 他実行する 派 **implementation** 名実行 ………… 209

□ **mentor** 他指導する 名指導者；メンター ………………………… 175

□ **observe** 他観測する；気づく；守る；挙行する
　 派 **observatory** 名展望台 …………………………………………… 31

□ **obtain** 他獲得する ……………………………………………………… 85

□ **occur** 自起こる 類 **arise** 自発生する …………………………… 179

☐ **patronize** 他後援する；資金支援する
　派 **patron** 名後援者；パトロン ………………………………… 241

☐ **prioritize** 他優先する　派 **priority** 名優先事項 ………… 259

☐ **pursue** 他追求する　派 **pursuit** 名追求 …………………… 253

☐ **reflect** 他熟考する；反射する　派 **reflection** 名熟考；反映 …… 191

☐ **reimburse** 他返金する　派 **reimbursement** 名返金 ………… 73

☐ **resume** 他再開する　派 **resumption** 名再開 ……………… 207

☐ **suit** 他満たす；似合う　派 **suitable** 形適した ……………… 265

☐ **undergo** 他経験する；（検査などを）受ける ………………… 83

☐ **unveil** 他発表する ……………………………………………… 207

☐ **vary** 自多様である；変化する　派 **variable** 形変わりやすい ……… 213

形容詞

☐ **competent** 形能力のある　派 **competence** 名能力 ………… 221

☐ **competitive** 形競争力のある　派 **compete** 自競争する ……… 33

☐ **convincing** 形説得力のある　派 **convince** 他説得する ……… 225

☐ **critical** 形きわめて重要な …………………………………… 231

☐ **definite** 形明確な　派 **define** 他明確にする ……………… 231

☐ **diverse** 形多様な　派 **diversity** 名多様性 ………………… 177

☐ **durable** 形耐久性のある …………………………………… 221

☐ **fragile** 形壊れやすい …………………………………………… 221

☐ **innovative** 形革新的な　派 **innovation** 名技術革新 ………… 27

☐ **intensive** 形集中的な　反 **extensive** 形幅広い …………… 87

☐ **introductory** 形入門の　派 **introduce** 他導入する ………… 15

☐ **inviting** 形人を引きつけるような　派 **invite** 他招待する ……… 251

□ **knowledgeable** 形精通した；博識な……………………89

□ **outstanding** 形抜きんでる；未払いの ………………………141

□ **pivotal** 形重要な……………………………………257

□ **preferable** 形好ましい 派 **preference** 名好み…………91

□ **preliminary** 形事前の；準備の………………………21

□ **prominent** 形著名な ………………………………249

□ **prompt** 形即座の 派 **promptly** 副即座に…………263

□ **respective** 形それぞれの……………………………95

□ **streamlined** 形流線型の 派 **streamline** 他合理化する………265

□ **temporary** 形一時的な ………………………………95

副詞

□ **comprehensively** 副全面的に……………………259

□ **exclusively** 副限定で；独占的に ……………………135

□ **simultaneously** 副同時に……………………………131

□ **thoroughly** 副徹底的に ………………………………231

名詞

□ **asset** 名資産 反 **liability** 名負債………………………103

□ **consistency** 名一貫性 派 **consistent** 形一貫性のある…………99

□ **departure** 名退任；出発 派 **depart** 自退任する；出発する……105

□ **drawback** 名欠点…………………………………181

□ **duration** 名継続時間…………………………………173

□ **eligibility** 名資格 派 **eligible** 形資格のある………………241

□ **enrollment** 名登録；入学 派 **enroll** 自登録する………195

□ **estimate** 名見積もり　他見積もる …………………………… 215

□ **fare** 名料理；運賃；（映画・小説などの）作品 ………………… 261

□ **insight** 名見識；洞察力 ……………………………………… 103

□ **inspection** 名検査　派 **inspect** 他検査する ………… 71

□ **inventory** 名在庫 …………………………………………… 221

□ **logistics** 名物流管理；ロジスティクス ………………………… 67

□ **objective** 名目標 ………………………………………… 211

□ **prescription** 名処方箋　派 **prescribe** 他処方する；規定する ……109

□ **proximity** 名近さ；近接 ……………………………………… 249

□ **succession** 名連続　派 **successor** 名後任者 …………… 17

□ **survey** 名調査；アンケート　他調査する ……………………… 61

□ **referral** 名紹介；委託 …………………………………… 101

□ **term** 名条件；用語；期間 …………………………………… 103

□ **transfer** 名転勤；送金；乗り換え　他転勤させる；送金する
　　　　　　　自乗り換える …………………………………… 253

□ **tribute** 名賛辞 ……………………………………………… 189

□ **venue** 名開催場所 …………………………………………… 197

イディオム

□ **adhere to** ～を遵守する　類 **comply with** ～を遵守する ……… 191

□ **as long as** ～するかぎり ………………………………… 169

□ **be located in [at]** ～に位置する ……………………… 23

□ **be subject to** ～を被りやすい ………………………… 219

□ **dispose of** ～を処分する；～を廃棄する ……………………… 221

□ **given that** ～を考慮に入れて ………………………… 259

☐ **in light of**　～を考慮して ……………………………………… 163

☐ **in person**　直接に……………………………………………… 165

☐ **in place of**　～の代わりに …………………………………… 167

☐ **in recognition of**　～に感謝して；～を認めて ………………… 199

☐ **in terms of**　～の点では……………………………………… 169

☐ **on behalf of**　～を代表して ………………………………… 163

☐ **originate from**　～から生じる………………………………… 187

☐ **prior to**　～より前に［の］…………………………………… 91

☐ **provided that [providing]**　～という条件で ………………… 233

☐ **quite a few**　数がかなり多くの～ …………………………… 195

☐ **register for**　～に登録する …………………………………… 217

☐ **rest assured that ～**　～なので安心してください ……………… 257

☐ **seek to** *do*　～しようとする………………………………… 197

☐ **side by side**　並んで …………………………………………… 161

☐ **under way**　進行中で ………………………………………… 21

☐ **with respect to**　～に関しては ……………………………… 167

● 著者紹介

成重 寿 Hisashi Narishige

三重県出身。一橋大学社会学部卒。英語教育出版社、海外勤務の経験を生かして、TOEICを中心に幅広く執筆・編集活動を行っている。合同会社ペーパードラゴン代表。TOEIC L&R TEST 990点満点。
主要著書:『TOEIC® L&R TEST英単語スピードマスター』、『TOEIC® TEST必ず☆でる単スピードマスター』、『TOEIC® L&R TEST必ず☆でる熟語スピードマスター』、『TOEIC® L&R TEST 英文法 TARGET600』、『ゼロからスタート英単語 中級 STANDARD 3000』(以上、Jリサーチ出版)など。

カバーデザイン	中村 聡(Nakamura Book Design)	
本文デザイン/DTP	江口うり子(アレピエ)	
英文作成・校正協力	CPI Japan	

本書へのご意見・ご感想は下記URLまでお寄せください。
https://www.jresearch.co.jp/contact/

TOEIC® L&R TEST 英文法 TARGET 730

令和2年(2020年)4月10日 初版第1刷発行

著 者	成重 寿
発行人	福田富与
発行所	有限会社 Jリサーチ出版
	〒166-0002 東京都杉並区高円寺北2-29-14-705
	電話 03(6808)8801(代) FAX 03(5364)5310
	編集部 03(6808)8806
	http://www.jresearch.co.jp
印刷所	中央精版印刷株式会社

ISBN978-4-86392-476-5 禁無断転載。なお、乱丁・落丁はお取り替えいたします。

©Hisashi Narishige, 2020 All rights reserved.